HSI

Hugo Sinzheimer Institut
für Arbeits- und Sozialrecht

Das HSI ist ein Institut
der Hans-Böckler-Stiftung

D1640873

Band 51
HSI-Schriftenreihe

Frauen in der Geschichte der Mitbestimmung

Pionierinnen in Betriebsräten, Gewerkschaften und Politik

Uwe Fuhrmann

BUND
VERLAG

Bibliografische Information der Deutschen Nationalbibliothek
Die Deutsche Nationalbibliothek verzeichnet diese Publikation
in der Deutschen Nationalbibliografie; detaillierte bibliografische Daten
sind im Internet über http://dnb.d-nb.de abrufbar.

© Bund-Verlag GmbH, Emil-von-Behring-Straße 14, 60439 Frankfurt am Main, 2024

Lektorat: Dr. Henning Fischer (Berlin)
Umschlaggestaltung: A&B one Kommunikationsagentur GmbH, Berlin
Satz: Reemers Publishing Services GmbH, Krefeld
Druck: CPI books GmbH, Birkstraße 10, 25917 Leck

ISBN 978-3-7663-7344-1

www.bund-verlag.de

Vorwort

Frauen haben schon zu Zeiten des Kaiserreichs und in der Weimarer Zeit Gewerkschaften gegründet und sie als Vorsitzende geleitet, sie haben Tarifverhandlungen geführt und sich in Parteien und Parlamenten für Arbeitnehmerinnenrechte eingesetzt. Anders als Viele immer noch meinen, haben Frauen dieser Zeit auch konkreten Einfluss auf die Ausgestaltung des Arbeitsrechts und insbesondere des Betriebsrätegesetzes genommen und sie haben als allererste Betriebsrätinnen und sogar Betriebsratsvorsitzende schon die frühe Praxis der betrieblichen Mitbestimmung beeinflusst – einige übrigens auch in Verbindung zu Hugo Sinzheimer. Und das alles, obwohl die Hürden, die Frauen vor 100 Jahren von einer gleichberechtigten Teilhabe am Erwerbsleben und von politischer und gewerkschaftlicher Tätigkeit ferngehalten haben, noch höher waren, als sie es heute nach wie vor sind.

Nur wenige all dieser „Pionierinnen der Mitbestimmung" sind – selbst in den Kreisen, die sich für Gewerkschaftsgeschichte interessieren – bekannt. Viele der Biografien und historischen Beiträge der Frauen, auf deren Schultern insbesondere Frauen in Betrieben, Betriebsräten und Gewerkschaften heute stehen, bleiben bisher im Verborgenen.

Das Fehlen der Wahrnehmung der Beiträge von Frauen in der heutigen Erinnerungskultur ist Teil der Strukturen, die bereits vor 100 Jahren kritisiert wurden – unter anderem von den Frauen, die in diesem Band ins Licht gerückt werden sollen. Erschreckend ist zu lesen, dass ihre Kritik zu Themen wie Lohndiskriminierung, Arbeitszeit oder Sexismus auch nach 100 Jahren noch aktuell sind.

Auch wenn historische Forschung nicht das Kerngeschäft des HSI ist, soll dieser Band einen Beitrag dazu leisten, die persönlichen Geschichten dieser Frauen, aber auch ihre Beiträge für die Praxis und Entwicklung des Arbeitsrechts und der Mitbestimmung ins Licht zu rücken.

Dr. Uwe Fuhrmann, Historiker und Autor, konnte für seine Recherchen an einige wenige Vorarbeiten anknüpfen, darunter auch der Aufschlag von Rainer Fattmann in einem HSI-Working Paper Nr. 15. Dem Begriff der Mitbestimmung nähert sich Uwe Fuhrmann nicht mit einem engen betriebsverfassungsrechtlichen Verständnis, sondern bezieht alle Formen der demokratischen Beteiligung an der Ausgestaltung des Arbeits- und Wirtschaftslebens mit ein.

Der vorliegende Band bleibt im Bereich der wissenschaftlich bearbeiteten Erinnerungskultur in Bezug auf Frauen ein Tropfen auf den heißen Stein. In der Hoffnung, dass dieser Band nicht nur auf Interesse stößt, sondern auch zu weiterer Forschungsarbeit inspiriert, wünscht eine angenehme Lektüre

Prof. Dr. Johanna Wenckebach
Wiss. Direktorin des Hugo Sinzheimer Instituts

Inhaltsverzeichnis

Vorwort   5

Abkürzungsverzeichnis   9

I. Einleitung   11

   1. Mitbestimmung: Auf den Schultern von Vielen   11

   2. Was heißt „Mitbestimmung"?   16

   3. Quellenlage und Struktur des Buches   21

II. Auf dem Weg zur Verrechtlichung und zur Verankerung
im Betrieb   26

   1. Gertrud Hanna (1876–1944) und ein vergessener
Lohnregulator   26

   2. Ein bemerkenswerter Tarifvertrag – Paula Thiede
(1870–1919)   34

   3. Kampf der Gesindeordnung! – Luise Kähler
(1869–1955) und Johanna Tesch (1875–1945)   43

III. Um das Recht auf Mitbestimmung in der neu-
en Republik   53

   1. Frauen in die Betriebsräte! – Johanne Reitze
(1878–1949)   53

   2. Luise Zietz (1865–1922) und das Betriebsrätegesetz   57

   3. Theorie für den Alltag – Toni Sender (1888–1964)   62

IV. Pionierinnen in der Weimarer Republik   67

   1. Benkert, Emma (1883–Unbekannt) – Betriebsrätin
im Kinderkrankenhaus   70

   2. Die Bühnenrätin Grete Ilm (1880–1957)   78

   3. Chronistin ihrer eigenen Sache – Hilde Radusch
(1903–1994)   82

V. Schlussbetrachtung   96

Literatur und Quellen   99

   Literaturverzeichnis   99

   Verzeichnis historischer Zeitschriftenaufsätze, Protokolle,
   Artikel und anderer Publikationen vor 1933   103

Rechtsquellen und Reichstagsprotokolle   106

Archivquellen   107

Abbildungsnachweise   108

Abkürzungsverzeichnis

ADGB	Allgemeiner Deutscher Gewerkschaftsbund
AfA	Allgemeiner freier Angestelltenbund
AOK	Allgemeine Ortskrankenkasse
AWO	Arbeiterwohlfahrt
BA	Bundesarchiv
BRG	Betriebsrätegesetz
BR	Betriebsrat
DDP	Deutsche Demokratische Partei
DDR	Deutsche Demokratische Republik
DGB	Deutscher Gewerkschaftsbund
DVB	Deutscher Verkehrsbund
FDGB	Freier Deutscher Gewerkschaftsbund
FFBIZ	Das feministische Archiv e.V. (ehemals Frauenforschungs-, -bildungs-, und -informationszentrum)
GDBA	Genossenschaft Deutscher Bühnen-Angehöriger
Gesolei	Ausstellung für Gesundheit, Soziale Fürsorge und Leibesübungen
Gestapo	Geheime Staatspolizei
IG	Industriegewerkschaft
ILO	International Labour Organization
KAVH	Kaiserin-Auguste-Viktoria-Haus zur Bekämpfung der Säuglingssterblichkeit im Deutschen Reich
KPD	Kommunistische Partei Deutschlands
LA Berlin	Landesarchiv Berlin
MSPD	Mehrheitssozialdemokratische Partei Deutschlands
NL	Nachlass
ÖTV	Gewerkschaft Öffentliche Dienste, Transport und Verkehr
RFMB	Roter Frauen- und Mädchenbund
RGBl	Reichsgesetzblatt
RGO	Revolutionäre Gewerkschaftsopposition
SA	Sturmabteilung (der NSDAP)
SED	Sozialistische Einheitspartei Deutschlands
SPD	Sozialdemokratische Partei Deutschlands
UGO	Unabhängige Gewerkschaftsorganisation
USPD	Unabhängige Sozialdemokratische Partei Deutschlands
VBHi	Verband der Buch- und Steindruckerei-Hilfsarbeiter und -Arbeiterinnen Deutschlands
VEB	Volkseigener Betrieb
VGS	Verband der Gemeinde- und Staatsarbeiter

VRWR	Vorläufiger Reichswirtschaftsrat
VS	Verband deutscher Schriftsteller
WRV	Weimarer Reichsverfassung
ZBR	Zentralbetriebsrat
ZdH	Zentralverband der Hausangestellten Deutschlands

I. Einleitung

„Wir sind Zwerge, die auf den Schultern von Riesen stehen" ist seit dem 12. Jahrhundert ein beliebtes Motiv, das meist als Bild stetigen wissenschaftlichen Fortschritts verwendet wird.[1] Anders als sich meist addierende wissenschaftliche Erkenntnisse sind soziale Fortschritte in ungleich größerer Gefahr, Rückschläge zu erleiden. Es handelt sich bei der Sozialgeschichte daher mitnichten um eine simple Fortschrittsgeschichte. Und trotzdem: In vielen Bereichen haben sich die heutigen rechtlichen Rahmenbedingungen im Vergleich zu Kaiserreich und Weimarer Republik weitgehend verbessert. Zwei dieser Bereiche sind die Gleichberechtigung der Geschlechter und die betriebliche Mitbestimmung. Ihre miteinander verflochtene Geschichte wird in den folgenden Ausführungen beleuchtet.

1. Mitbestimmung: Auf den Schultern von Vielen

Den erreichten Fortschritt verdanken wir jedoch keinen Genies, keinen Riesen, sondern ungezählten Menschen, die mitunter alles riskiert haben, um sich und ihren Kolleg*innen[2] kleine Schritte in Richtung menschenwürdiger Bedingungen zu erkämpfen. Wir stehen nicht auf den Schultern von Riesen – wir stehen auf den Schultern von Vielen. Die alltägliche Kärrnerarbeit dieser Ungezählten bleibt – auch in geschichtlichen Werken – allerdings oft unsichtbar und unerinnert. Noch stärker ausgeprägt ist dieses Vergessen, wenn es sich bei den Protagonist*innen um arbeitende Frauen handelt.

Dieses Problem wurde bereits von den Zeitgenossinnen wahrgenommen, wie uns ein etwas pathetischer Einwurf aus dem Jahr 1911 verdeutlicht:

---

1   Vgl. *Leuker*, Mittellateinisches Jahrbuch 1997, 71.
2   Thematik und Perspektive dieses Textes verlangen nach einer besonderen Aufmerksamkeit hinsichtlich der sprachlichen Repräsentationen von Geschlecht. Das gilt insbesondere für die Bezeichnungen von Gruppen: Es musste in jedem Fall mindestens eine historische Dimension und zusätzlich die Perspektive aus unserer Gegenwart beachtet werden. Zudem spielt eine Rolle, inwieweit intersektionale Fragen berührt werden – wann ist die Identität als Frau wichtig, wann steht eher die Klassenzugehörigkeit im Mittelpunkt? Schließlich bedeutet die zeitgenössische, ausschließlich binäre sprachliche Zuordnung nicht, dass es nicht auch damals Menschen gab, die sich darin nicht wiederfanden. Aufgrund dieser Komplexität habe ich mich entschieden, in diesem Text in jedem Einzelfall zu entscheiden, welche sprachliche Form unter Berücksichtigung dieser Fragen jeweils am besten passt.

„Heldinnen.

Man hört so viel von Helden, doch wenig oder gar nichts von Heldinnen; von den Heldinnen, den vielen, vielen tapferen Frauen, deren Heldentum sich nicht in einer einzigen Tat erschöpft [...].

Ungekannt, ungenannt, ihren einzigen Lohn in dem Bewußtsein tragend, eine große, schwere und schöne Pflicht zu erfüllen. [...]

Wir denken hier gerade an eine brave, treue Genossin, deren Mann lungenkrank und Invalide ist und monatlich 17 M. Rente erhält, zum Leben zu wenig und zum Sterben zu viel. Vier Kinder sind zu nähren und zu kleiden und der ganze Haushalt ist in Ordnung zu halten. Die Frau [...] sitzt vom grauenden Morgen bis in die sinkende Nacht an der Maschine und arbeitet, um die Kosten des Lebensunterhaltes zu bestreiten. Am Sonntag flickt, näht, putzt und scheuert sie in der Wohnung. Wenn aber eine wichtige Versammlung zur Teilnahme ruft, oder ein Leseabend, dann ist diese wackere Proletarierin als eine der ersten am Platze. ‚Ich kämpfe mit, bis an mein Ende, und wenn auch ich selbst nichts mehr davon haben sollte, dann kommt es doch unseren Kindern zugute!‘ [...]

Das ist Heldentum! Edleres Heldentum als in allen Schlachten der Welt zutage trat, Heldentum, das kein Lorbeer auszeichnet, aus dem aber Freiheit und Erlösung der Menschheit aus aller Knechtschaft und Unterdrückung erblüht.“[3]

Die Sorgearbeit, das Kümmern um die Familie, den Haushalt, um das soziale Umfeld – all dies ist der unbesungene Kern unseres Daseins. In der Lebensrealität zahlreicher Arbeiterinnen bedurfte es oft ungemeiner Anstrengungen, sich neben der Sorgetätigkeit noch für eine bessere Zukunft einzusetzen. Und tatsächlich sollte der Heldenbegriff, wenn er überhaupt angebracht ist, am ehesten für diese Unbekannten Anwendung finden. Denn wir stehen auch auf ihren Schultern.

Bisher können wir ganz offensichtlich die im Text von 1911 ersehnte „Erlösung der Menschheit aus aller Knechtschaft und Unterdrückung" noch nicht feiern – aber wir können Erfolge würdigen, Niederlagen analysieren und daraus für die heutigen Aufgaben lernen. Und wir können versuchen, „die Über-

---

3   Vorwärts 13.1.1911, Nr. 11, 7.

lieferung […] dem Konformismus abzugewinnen"[4], also unsere Geschichte neu zu deuten und dabei konformistische Perspektiven, das heißt das unkritische Lob des Bestehenden und seiner vermeintlichen Entstehungsgeschichte, Stück für Stück hinter uns zu lassen.

Ein ganzes Jahrhundert lang galten Frauen als quasi unbeteiligt an den ersten Schritten in Richtung einer betrieblichen Demokratie (deren wirkliche Durchsetzung noch in der Zukunft liegt). Die Lebensgeschichten der Frauen, die in dieser Studie vorgestellt werden, zeigen jedoch auf, dass es ein breites Spektrum von Tätigkeiten gab, mit denen Frauen sich in der Frühphase der Mitbestimmung für ihre Verwirklichung einsetzten. Wenn dieses Wissen Verbreitung findet, ist ein weiterer Mosaikstein unserer eigenen Überlieferung gefunden – und damit dem „Konformismus" abgewonnen.

Das historische Handeln der Arbeiterinnen muss dabei kontextualisiert werden mit den gesellschaftlichen Verhältnissen, die ihr Wirken massiv erschwerten – was ihre Beiträge umso bemerkenswerter macht. Diese gesellschaftlichen Bedingungen kannten die aktiven Frauen aus der Frühzeit der Mitbestimmung nur zu gut, wie Paula Thiede 1917 in einem Artikel bewies:

> „Die Frau war stets und ist noch heute ein dreifach belastetes Geschöpf. In erster Linie ist sie Mutter, dann Hausfrau und endlich Erwerbende. Auch die ledige Arbeiterin ist schwerer belastet als der Mann, der nach getaner Arbeit frei über seine Zeit verfügen kann. Diese doppelten Pflichten der Frauen sind die Hauptursache dessen, daß sie allen Organisationsbestrebungen schwerer zugänglich sind und in vielen Fällen den Verbänden nur vorübergehend angehören."[5]

Zu der Zeitnot kamen also andere Belastungsarten, die Sorge um Kinder etwa, die keinen Aufschub duldet. Darunter litten nicht nur politische und gewerkschaftliche Aktivitäten, sondern auch die Frauen selbst:

> „Viele unserer Kolleginnen kennen aus Erfahrung die ewige Unruhe und Sorge um die zu Hause ohne genügende Aufsicht gelassenen Kinder. Die dreifache Last als Hausfrau, Mutter und Arbeitende hat unendlich viele Frauen schnell aufgebraucht und hat sie viel zu früh körperlich sich und zur Arbeit unbrauchbar gemacht."[6]

---

4   *Benjamin*, Über den Begriff der Geschichte, in: Schöttker/Wizisla (Hrsg.), 99, hier: These IV, 105.
5   *Thiede*, Sozialistische Monatshefte 1917, 356, 358.
6   *Thiede*, Sozialistische Monatshefte 1917, 356, 360. *Thiede* zitiert hier aus einem Artikel, den sie selbst für die „Solidarität" geschrieben hatte. Vgl. *Thiede*, „Organisation der Frauenarbeit durch das Kriegsamt", Solidarität 10.3.1917, 1.

Paula Thiede bemerkte zudem, dass knappe Zeit und mangelnde Energie viele Frauen davon abhielten, sich insbesondere „um Lohnregelung und andere Organisationsfragen zu kümmern, wie es in ihrem Interesse und dem ihrer Mitarbeiterinnen"[7] lag. Gerade die alltägliche Arbeit im Betrieb oder in der Gewerkschaft, die das zentrale Moment der Mitbestimmung ausmacht, musste sich unter diesen Umständen also ganz hinten anstellen.[8] Als ob so noch nicht genug Schwierigkeiten bestünden, untersagten außerdem zahlreiche gesetzliche Regelungen die Beteiligung von Frauen in etlichen Mitbestimmungsbereichen.[9]

Wer die deutschen Gewerkschaften kennt, wird nicht überrascht sein, dass es vor 100 Jahren – trotz bemerkenswert fortschrittlicher Bekenntnisse zur Emanzipation der Geschlechter – zudem ein erhebliches Problem dabei gab, Gleichberechtigung in der eigenen Organisation zu leben. Es ließe sich viel darüber schreiben, insbesondere zur Ignoranz der Lage von arbeitenden Frauen und zur Übernahme bürgerlicher Geschlechterideale. Hier soll jedoch eine kurze Veranschaulichung an die Stelle von Statistiken, Paragrafen und Analysen treten.

Auf einer Reichskonferenz der Betriebsräte des *Verbandes der Gemeinde- und Staatsarbeiter* (VGS, eine Vorläufergewerkschaft von ver.di) im Jahr 1927 referierte ein Kollege zum Thema „Die Bedeutung der Betriebsräte im Arbeitsrecht" und führte dabei auch ein Beispiel an, wie „der Betriebsrat *nicht* tätig sein darf"[10]. Den Hintergrund bildete das Phänomen „Bubikopf": Spätestens seit Beginn der „Goldenen Zwanziger" (1924–1929) wurde in der Weimarer Öffentlichkeit eine Verbindung zwischen modischem Auftreten von Frauen und tatsächlicher oder vermeintlicher Emanzipation hergestellt. Nicht nur auf der Bühne oder im Film war der so genannte Bubikopf (der für Frauen als Kurzhaarfrisur galt) ein zentrales Element, das zunehmend auch von Frauen der Arbeiterklasse als Zeichen von Selbstbewusstsein getragen wurde.[11] Dieser Ausdruck von weiblicher Emanzipation war Gegenstand in dem vom VGS-Referenten angeführten Beispiel für eine schlechte Betriebsratspraxis: „In einem Krankenhaus haben der Arzt und der Betriebsrat", so kritisierte der Berichterstatter, „dem weiblichen Personal *verboten*, einen *Bubikopf zu tragen*. Die An-

---

7   *Thiede*, Sozialistische Monatshefte 1917, 356, 360.

8   Die meisten der Frauen, die damals Politik gemacht haben, waren kinderlos geblieben, siehe *Fuhrmann*, „Frau Berlin" – Paula Thiede (1870–1919), 68–70.

9   *Thiede*, Sozialistische Monatshefte 1917, 356, 360f. gibt beispielsweise Einblick in die Lage bei den Wahlämtern der Arbeiterversicherungen, in denen Frauen das aktive und passive Wahlrecht versagt war (mit Ausnahme der Krankenversicherung).

10   *Verband der Gemeinde- und Staatsarbeiter*, Reichskonferenz der Betriebsräte, 79. Kursives im Original gesperrt.

11   Am österreichischen Beispiel hervorragend dargestellt in: *Hauptmann*, Der Bubikopf, 56–60, insbesondere 57.

staltsleitung hat dieses Verbot durch Anschlag bekanntgemacht, welcher auch vom Betriebsrat unterzeichnet war." Der Referent urteilte: „Dieses muß als unzulässiger Eingriff in die persönliche Freiheit bezeichnet werden."[12] Solch eine eindeutige Parteinahme auf dem Gewerkschaftskongress war indes die rar gesäte Ausnahme. Sie kann nicht darüber hinwegtäuschen, dass im Betrieb auch die eigenen Kollegen zu den Hürden für Frauen gehörten, die sich gleichberechtigt in den gewerkschaftlichen Kampf einbringen wollten.[13]

Trotz dieser Schwierigkeiten gibt es eindrucksvolle Geschichten von vielen Pionierinnen der Mitbestimmung, von denen einige auf den nächsten Seiten einen Platz erhalten. Paula Thiede, die Autorin obenstehender Analysen, ist selbst ein leuchtendes Beispiel dafür. Sie führte Arbeitskämpfe für mehr Lohn und weniger Arbeit an, organisierte ihre Kolleg*innen und schloss 1906 als Delegationsvorsitzende einen reichsweiten Tarifvertrag für die Buchdruckereihilfsarbeiter*innen ab.

Und ungeachtet der versuchten Bevormundung einiger schlecht gelaunter Betriebsräte siegte in den 1920er Jahren der Bubikopf auch in der Arbeiterklasse. Toni Sender zum Beispiel, Metallgewerkschafterin und eine der prominentesten Pionierinnen der Mitbestimmung, trug in dieser Zeit regelmäßig den selbstbewussten Kurzhaarschnitt:

Abbildung 1: Toni Sender

---

12 Alle Zitate *Verband der Gemeinde- und Staatsarbeiter*, Reichskonferenz der Betriebsräte, 79. Kursives im Original gesperrt.

13 Vgl. *Verband der Gemeinde- und Staatsarbeiter*, Reichskonferenz der Betriebsräte, 79. Kursives im Original gesperrt.

Auch die Betriebsrätin Hilde Radusch berichtete retrospektiv von ihrer Arbeitsstelle bei der deutschen Reichspost eine bemerkenswerte Begebenheit: Eine junge Kollegin erschien im April 1925 mit einem Pagenschnitt auf dem Berliner Postamt und wurde prompt zum Chef zitiert, ermahnt und mit Entlassung bedroht. Die Kollegin zog daraufhin die Aufmerksamkeit ihrer Kolleg*innen auf sich und in Windeseile verbreitete sich die Kenntnis über diesen Vorfall. Am nächsten Tag erschienen zehn Frauen mit Bubikopf auf Arbeit – und am übernächsten „das halbe Amt" [14], einschließlich Hilde Radusch. Das Thema hatte sich fortan erledigt.

Dies war eine unkonventionelle Art, sich als arbeitende Frau Selbstbestimmung in der Arbeitswelt zu erkämpfen. Doch mit dem Ende des Kaiserreiches etablierten sich zunehmend auch rechtliche Möglichkeiten dazu. Sie sind heute unter dem Begriff Mitbestimmung bekannt.

2.   Was heißt „Mitbestimmung"?

Gegen Ende des Ersten Weltkriegs wollten große Teile der Bevölkerung nicht nur eine parlamentarische Demokratie erkämpfen, sondern auch die Macht großer Unternehmen nachhaltig brechen. Im Kontext der revolutionären Phase am Ende des Ersten Weltkriegs erscheint Mitbestimmung daher als defensives Konzept: Sozialismus und Wirtschaftsdemokratie waren die „echten" Ziele der meisten Gewerkschaftsmitglieder. Kleinteilige Verhandlungen mit den Unternehmern über den Zustand von Pausenräumen oder über Lohnzuschläge erscheinen daneben bisweilen klein und unwichtig.

Und doch konnten diese Mühen der Ebene auch damals helfen, den Alltag der lohnabhängigen Bevölkerung angenehmer und (politisch) würdevoller zu gestalten. Zudem mussten neu erkämpfte Rechte oftmals in zäher Alltagsarbeit vor Ort und im politischen Raum durchgesetzt werden, darunter auch so wichtige wie der Achtstundentag.[15] Nicht nur die Gewerkschaftsfunktionär*innen, sondern auch die Basis arbeitete nun auf der Grundlage der neuen Gegebenheiten. Der Begriff „Mitbestimmung" selbst gewann allerdings erst sehr langsam an Bedeutung. Was genau ist also gemeint, wenn es hier um Mitbestimmung und deren Pionierinnen geht?

---

14   Nachlass (NL) Radusch, FFBIZ, Rep. 500, Acc. 300, I, 3, 54, pag. 12 f. Zur Datierung und einer zweiten Schilderung siehe NL Tröger, FFBIZ, Rep. 500 Acc. 800, 123, 43.

15   Ein Beispiel von vielen in *Friedrich-Schulz*, Werden und Wirken der Reichssektion Gesundheitswesen im Verband der Gemeinde- und Staatsarbeiter, 53 f.

Die Pionierinnen der Mitbestimmung waren aktiv seit der Zeit der ersten ver-
stetigten Erfolge der Gewerkschaftsbewegung in den Jahren und Jahrzehnten
vor der Novemberrevolution. Aber erst durch verschiedene Entwicklungen
der Revolutionszeit konnte ihr Handeln in vielen Bereichen regelmäßig auf
ein rechtliches Fundament gestellt werden.[16] Ungeachtet der empfindlichen
Niederlagen, die es in diesen Jahren für die Arbeiter*innenbewegung ebenfalls
gegeben hatte, wurde dies als großer Sieg erlebt: Betriebsräte, Tarifverträge
(der „kollektive Arbeitsvertrag") und Arbeitsrecht machten – zumindest in der
Theorie – während der Weimarer Republik aus „rechtlosen Heloten" nun
„gleichberechtigte Staatsbürger" (vgl. Abbildung).

Wie so viele Entwicklungen erfuhr die Geschichte der Mitbestimmung am
30. Januar 1933 einen heftigen Bruch. In den darauf folgenden Monaten endet
die Zeit ihrer Pionierinnen und Pioniere,[17] die also vom Ende der „Sozialisten-
gesetze" (1890) bis zur Machtübergabe an die Nationalsozialisten (1933) um-
rissen werden kann. Von dieser Zeitphase wird die folgende Darstellung im
Wesentlichen handeln.

---

16   Zu dieser Beziehung zwischen Recht und Revolution vgl. zunächst die Schilderungen bei *Däubler/*
     Kittner, Geschichte der Betriebsverfassung, 164–175.
17   Vgl. dazu *Däubler/Kittner*, Geschichte der Betriebsverfassung, 261–266.

DIE REICHS-UND STAATSARBEITER
GVS

EINST	JETZT
OHNE ORGANISATION	DURCH DIE ORGANISATION

ARBEITSORDNUNG
der Feldzeugmeisterei für alle Artilleriedepots
vom 1. November 1899

Absatz 1, Satz 2: „Von der Einstellung sind
Personen ausgeschlossen, die sozialdemokratischen oder sonstigen staatsfeindlichen Bestrebungen Vorschub leisten, oder von denen
vorauszusetzen ist, dass sie den Frieden zwischen der Behörde und den Arbeitern oder
der Arbeiter untereinander stören wollen."

•

Gnädiges Wohlwollen, selbst-
herrliche Willkür diktierten
den Arbeitsvertrag

•

§ 1 „Der nachstehende Tarifvertrag erstreckt
sich unbeschadet des § 21 auf alle vollbeschäf-
tigten Lohnempfänger, soweit sie nicht unter
einen anderen vom Reiche abgeschlossenen
oder durch Beitritt zu einer bestehenden Tarifgemeinschaft anerkannten Tarifvertrag fallen."

Regelt der kollektive Arbeitsvertrag
die Lohn-und Arbeitsverhältnisse.

•

Wacht die gewählte Arbeitervertretung
(§ 66 des Betriebsrätegesetzes)
— Der Betriebsrat —
über die Durchführung der tarifver-
traglichen Vereinbarungen.

RECHTLOSE HELOTEN	GLEICHBERECHTIGTE STAATSBÜRGER

*Abbildung 2: Von der „alten Arbeitsordnung" in die „neue Zeit". In dieser Darstel-
lung aus dem Jahr 1928 zeigt sich eine zentrale Stellung von Recht im Geschichtsbild
der freien Gewerkschaften.*

Wir können vier Felder unterscheiden, in denen Mitbestimmung in dieser
Pionierphase praktiziert werden konnte. Dies sind im Wesentlichen dieselben
Bereiche und politischen Dimensionen, die auch heute noch relevant sind:

Mitbestimmung im Betrieb (Ausübung der verbrieften Rechte), Tarifarbeit (Erlangung zusätzlicher Rechte außerhalb des Gesetzgebungsprozesses), Selbstverwaltung der Krankenkassen, Arbeitsgerichte und Fabrikinspektionen (Pflege und Verteidigung der Rechte) sowie die politische Arbeit (Einsatz für die Ausweitung der Mitbestimmungsrechte).

Die erste und zugleich unmittelbarste Form ist die tägliche Arbeit im Betrieb selbst. Meistens findet diese in formalisierten Kontexten statt, indem gewählte Vertrauenspersonen der Belegschaft die Forderungen gegenüber der Unternehmensleitung vorbringen und vertreten. Vor dem Inkrafttreten des Betriebsrätegesetzes (BRG) gab es unterschiedliche Bezeichnungen für diese Belegschaftsvertretungen: Vertrauensfrau oder -mann, Obleute oder Mitglieder im „Arbeiterausschuss". Manchmal waren diese gewählten Vertreter*innen von den Unternehmern anerkannt, manchmal sorgte das Vertrauen der Belegschaft für ausreichende Rückendeckung, um betriebliche Mitbestimmung auszuüben.[18] Ab 1891 waren Betriebsvertretungen vom Gesetzgeber zumindest theoretisch ermöglicht worden und wurden in Einzelfällen bereits in Tarifverträgen festgeschrieben.[19] Ab 1905 wurden Arbeiter- oder Arbeitsausschüsse im preußischen Bergbau obligatorisch.[20] Das sogenannte „Vaterländische Hilfsdienstgesetz" von 1916 sah erstmals in bestimmten Betrieben der Rüstungsindustrie ständige Arbeiterausschüsse vor, freilich mit beschränkten Rechten.[21]

Mit dem § 165 der Weimarer Reichsverfassung vom August 1919 erhielten Arbeiter*innen und Angestellte das Recht, „in Gemeinschaft mit den Unternehmern" gleichberechtigt „an der Regelung der Lohn- und Arbeitsbedingungen sowie an der gesamten wirtschaftlichen Entwicklung der produktiven Kräfte" mitzuwirken. Zwecks Wahrnehmung ihrer Interessen erhielten sie durch denselben Verfassungsartikel „gesetzliche Vertretungen in Betriebsarbeiterräten sowie in nach Wirtschaftsgebieten gegliederten Bezirksarbeiterräten und in einem Reichsarbeiterrat."[22]

Während die beiden letztgenannten Organe bald in der Bedeutungslosigkeit verschwanden, wurde mit dem Betriebsrätegesetz vom 4. Februar 1920 die Bezeichnung Betriebsrat üblich. Die Interessenvertretung der Belegschaften wurde mit diesem hoch umstrittenen Gesetz legitimiert, systematisiert und in bis dahin ungekanntem Maße verrechtlicht.

---

18 Ausführliches zu dieser Epoche bei *Däubler/Kittner*, Geschichte der Betriebsverfassung, 53–139.
19 Vgl. *Wroblewski*, AuR 2018, G21 mit Anm. 3.
20 Vgl. *Teuteberg*, Ursprünge und Entwicklung der Mitbestimmung in Deutschland, 20–22 sowie *Däubler/Kittner*, Geschichte der Betriebsverfassung, 106–110.
21 Siehe dazu *Wroblewski*, AuR 2018.
22 Art. 165 Abs. 1 und 2 WRV.

Die zweite wichtige Ebene der Mitbestimmung ist die tarifliche. In Tarifverträgen wird nicht nur die Lohnhöhe verhandelt, sondern eine ganze Reihe von Themenfeldern, die ebenfalls dem Mitbestimmungsbereich zuzuordnen sind. Dies war bereits in der Frühzeit der Tarifverträge der Fall, wenn etwa in einem Vertragswerk explizit festgehalten wurde, dass weder Spucknapfreinigung noch Toilettenputzen zu den Aufgaben der Arbeiterinnen zählten.[23] Die Forderungen und Bedürfnisse der Arbeitenden wurden in eine kollektive Form überführt und – meist durch Gewerkschaftsvertreter*innen – in Tarifverhandlungen vertreten. Um die Verhandlungsmacht zu erhöhen und sich ganz oder teilweise durchzusetzen, muss den Unternehmen mit wirtschaftlichen Nachteilen (oft durch Streik) gedroht werden können. Erfolgreiche Tarifverhandlungen bedingen also ein Zusammenspiel aus Belegschaften und Gewerkschaften. Zur tariflichen Arbeit zähle ich hier auch die Arbeitsnachweise, also die gewerkschaftliche Stellenvermittlung, die insbesondere in Frauengewerkschaften massiv als Instrument genutzt wurde, um Löhne zu erhöhen und Arbeitsbedingungen zu verbessern. Die Arbeitsnachweise dienten in diesem Kontext als eine indirekte Form der Mitbestimmung.

Es gibt eine dritte, manchmal übersehene Ebene der Mitbestimmung – und zwar den Einsatz für Mitbestimmungsrechte durch deren Wahrung, Verteidigung und Umsetzung, kurz die Pflege der kodifizierten Rechte. Nicht selten wurden oder werden Gesetze, die Mitbestimmung rechtlich fundieren oder die die Rechte der Arbeiter*innen schützen sollen, von Unternehmerseite nur schleppend umgesetzt, lediglich pro forma implementiert, kreativ im eigenen Interesse interpretiert oder gar missachtet. Darauf musste und muss weiterhin in jedem konkreten Fall mit großem Aufwand geantwortet werden. Vor 1933 gab es bei dieser Umsetzung und Verteidigung der Mitbestimmung Akteur*innen in verschiedenen Kontexten. So sprachen in den Gewerbegerichten (ab 1926 Arbeitsgerichte[24]) auch zahlreiche Arbeiter*innen Recht.[25] Fabrikinspektor*innen, die über die Einhaltung gesetzlicher Standards wachten, entstammten auch der Arbeiter*innenbewegung. Viele Gewerkschaftsmitglieder waren zudem in der Selbstverwaltung der Krankenkassen aktiv daran beteiligt, die sozialpolitischen Rechte der Arbeiter*innen im Krankheitsfall zu wahren und zu verteidigen. Hinsichtlich dieser umfangreichen Arbeiten und der massenhaften, aber völlig unspektakulären Beteiligung an dieser außerbe-

---

23   Vgl. *Fuhrmann*, Feminismus in der frühen Gewerkschaftsbewegung, 90.

24   Vgl. RGBl. vom 28.12.1926, § 6 (Arbeitsgerichtsgesetz vom 23. Dezember 1926).

25   Die Hälfte der mindestens vier Beisitzer*innen jedes Gewerbegerichtes waren Arbeiter*innen. Es handelte sich um ein Wahlamt. Rechtliche Grundlage war das Gewerbegerichtsgesetz und hier die Regelung der Besetzung der Gerichte (§§ 9–22, insb. § 12), vgl. Gesetz betreffend die Gewerbegerichte vom 29. Juli 1890, Reichsgesetzblatt 1890, S. 141–162, sowie Gewerbegerichtsgesetz vom 29. September 1901, Reichsgesetzblatt 1901, S. 353–375, beide abgedruckt in *Rudloff*, Arbeiterrecht, 60 ff. sowie 422 ff.

trieblichen und außerparlamentarischen Verteidigung von Mitbestimmungs-rechten wäre eine eigenständige und aufwendige Recherche angezeigt. Ob-wohl das an dieser Stelle nicht möglich war, wird auch diese übersehene Form im Folgenden bisweilen eine Rolle spielen.

Die vierte und letzte Ebene, auf der für die Mitbestimmungsrechte und die Rechte von Arbeiter*innen gestritten wurde, ist die im engeren Sinne politi-sche. Hier wurde um die Rahmenbedingungen gerungen, innerhalb derer dann die konkrete Gestaltung stattfinden konnte bzw. musste. Das wichtigste politische Ereignis für mehr Mitbestimmung war die Novemberrevolution. Sie schuf nicht nur die politischen Voraussetzungen für das spätere Betriebsrätege-setz. Vielmehr wurden bereits am 12. November 1918 durch den Rat der Volksbeauftragten alle bei „Beginn des Krieges aufgehobenen Arbeiterschutz-bestimmungen" wieder in Kraft gesetzt und die postfeudalen Gesindeordnun-gen endlich abgeschafft. Im gleichen Atemzug wurde mit dem „gleichen, ge-heimen, direkten und allgemeinen Wahlrecht auf Grund des Proportionalsys-tems für alle mindestens 20 Jahre alten männlichen und weiblichen Personen"[26] die Voraussetzung dafür geschaffen, dass sich Frauen auch auf der parlamenta-rischen Ebene für mehr Mitbestimmung einsetzen konnten. Dass diese Mög-lichkeit auch tatsächlich genutzt wurde, hat Rainer Fattmann in einer jünge-ren Studie nachgewiesen.[27] Auch dies wird in den entsprechenden Abschnitten immer wieder eine Rolle spielen.

3.   Quellenlage und Struktur des Buches

Auf allen vier Ebenen der Mitbestimmung – Betriebsratsarbeit, Tarifarbeit und Arbeitsnachweise, Verteidigung errungener Rechte und politischer Einsatz für Mitbestimmung – waren Frauen von Beginn an aktiv. Während der Recher-chen für diese Studie war es weniger ein Problem festzustellen, *dass* dies der Fall war – sondern Quellen zu finden, die Details über Personen oder Tätigkei-ten überliefert haben. Denn Dokumente, die uns heute etwas Relevantes verra-ten könnten, schafften es nur selten durch die verschiedenen Filter der Überlie-ferung.

Arbeit von Frauen wurde generell geringgeschätzt und als unwichtig erachtet, entsprechende Unterlagen wurden selten aufbewahrt. Dies galt für die Ge-werkschaften, die trotz aller Bekenntnisse zur Gleichberechtigung ein patriar-

---

26   Reichswahlgesetz vom 30.11.1918. Der § 2 gab allen Wahlberechtigten auch das passive Wahlrecht.
27   Vgl. *Fattmann*, Pionierinnen der Mitbestimmung.

chales Gerüst mit ebensolcher Schlagseite hatten und genauso in den meisten Fällen für die Familien und Hinterbliebenen der Gewerkschafterinnen. Selbstzeugnisse von proletarischen Frauen sind daher eine Rarität, insbesondere solche, die Alltagsarbeit im Betrieb beschreiben würden.

Die Betriebe und Arbeitsbereiche, in denen die Frauen Großes leisteten, um das Los ihrer Kolleg*innen zu verbessern, liefen oft unter dem gewerkschaftlichen Radar, zeitgenössisch wie in der Erinnerung. Die Wertschätzung von Heimarbeit, Hilfsarbeitertätigkeiten oder Lohnarbeit in Privathaushalten befindet sich bis heute nicht im Repertoire gewerkschaftlicher Erinnerungsarbeit.

Zahlreichen wichtigen Frauen fehlte auch das vielen Männern eigene Selbstbewusstsein, dass sie Herausragendes leisten. Paula Thiede etwa sprach in historischen Rückblicken auf die Entwicklung der von ihr seit Jahrzehnten erfolgreich geleiteten Gewerkschaft von sich selbst oft in der dritten Person, ohne ihren Namen zu nennen.[28]

Bereits diese Punkte reichen für die Entstehung einer schwierigen Quellenlage aus. Es kommen aber weitere erschwerende Bedingungen hinzu.

Betriebsratsakten sind, rechtlich gesehen, Akten des Unternehmens, gehören ins Unternehmensarchiv und sind damit spezifischen Überlieferungs-Prioritäten unterworfen. Ob Unternehmen Betriebsratsakten länger aufbewahren als gesetzlich vorgeschrieben, liegt weder im Einflussbereich der Gewerkschaften noch des Betriebsrates. Derartige Überlieferungen aus der Frühzeit der Mitbestimmung sind heute selten da, wenn man sie braucht.[29]

Doch damit nicht genug: Nach der Machtübergabe an die Nationalsozialisten besetzte die SA am 2. Mai 1933 Gewerkschaftshäuser in allen Teilen Deutschlands. Auf manchen Fotos dieses Tages ist es zu erkennen: Acht Tage vor der allgemeinen Bücherverbrennung brannten die Dokumente und Archive der Arbeiterbewegung. Tausende Dokumente, darunter für unsere Fragestellung so wichtige regionale und lokale Schriftstücke, gingen unwiederbringlich verloren.

---

28 Vgl. *Fuhrmann*, „Frau Berlin" – Paula Thiede (1870–1919), 59.

29 Weil etliche Unternehmen in der DDR in einen Volkseigenen Betrieb (VEB) überführt wurden, sind in den östlichen Bundesländern verhältnismäßig viele BR-Akten erhalten geblieben und liegen heute in den entsprechenden Staatsarchiven, z.B. in Thüringen (http://archive-in-thueringen.de/de/), in Sachsen-Anhalt (http://recherche.landesarchiv.sachsen-anhalt.de/Query/suchinfo.aspx) oder in Brandenburg, dort auch vereinzelt Berliner Splitter (http://blha-recherche.brandenburg.de/volltextsuche.aspx). Sie konnten im Rahmen dieser Arbeit nicht ausgewertet werden.

Abbildung 3: Zerstörung von Unterlagen und Inventar bei der Besetzung des Gewerkschaftshauses in Leipzig am 2. Mai 1933

Nach 1945 setzte sich das Trauerspiel fort: In der DDR wurde zwar die Dokumentation und Sicherung von Biografien politisch aktiver Frauen betrieben, aber jede Erinnerung wurde auf die Parteigeschichte hin gebürstet; die Gewerkschaftsarbeit geriet völlig in den Hintergrund.[30] In Westdeutschland waren noch nicht einmal solche Bemühungen zu verzeichnen, weder staatlicherseits noch von Parteien oder Gewerkschaften. Zu allem Überfluss sorgte eine jahrzehntelang währende schlampige Geschichts- und Archivkultur der Gewerkschaften des Deutschen Gewerkschaftsbunds (DGB) für weitere schmerzliche Verluste.

So mussten für diese Untersuchung mehrere hundert Biografien von Arbeiterinnen auf die Möglichkeit hin geprüft werden, ob die Quellenlage es erlauben könnte, substanzielle Bezüge zum Thema Mitbestimmung herzustellen. Und nun kann endlich an einigen biografischen Beispielen verdeutlicht werden, welche Formen weiblicher Pionierarbeit es im Bereich der Mitbestimmung gegeben hat.

Die hier vorliegende Studie konnte – von den Ausführungen Rainer Fattmanns[31] abgesehen – kaum an Vorarbeiten anknüpfen und fand enge Begren-

---

30   Vgl. dazu die Inhalte der entsprechenden Schriftstücke im Bundesarchiv, insbesondere die personenbezogenen Bestände aus der Signaturengruppe SgY.
31   Vgl. *Fattmann*, Pionierinnen der Mitbestimmung.

zung in den zur Verfügung stehenden Ressourcen. Sie fokussiert sich daher auf die oben genannten Kernbereiche. Ihr Aufbau orientiert sich im Wesentlichen an der Chronologie: Aus drei historischen Phasen der Mitbestimmung werden jeweils mehrere Protagonistinnen vorgestellt, die exemplarisch verdeutlichen, wie breit und reichhaltig die Beteiligung von Frauen an diesen Kämpfen gewesen ist.

Die erste Zeitphase beginnt noch im 19. Jahrhundert, reicht bis zur Zeit des Umbruchs am Ende des Ersten Weltkrieges und schließt mit den ersten wichtigen Verrechtlichungen in Mitbestimmungsfragen. Dieses Kapitel II spürt Pionierinnen nach, die Mitbestimmung *avant la lettre* betrieben haben. Frauen also, die vor dem Inkrafttreten des BRG im Betrieb oder durch verwandte Tätigkeiten für sich und ihre Kolleg*innen kämpften: Gertrud Hanna, Paula Thiede, Luise Kähler und Johanna Tesch.

Das Instrument der Arbeitsnachweise diente zahlreichen Gewerkschafter*innen und ihren Verbänden als Mittel, schlechte Arbeitsbedingungen zu sanktionieren, indem entsprechenden Unternehmen keine Arbeitskräfte mehr vermittelt wurden. Wo der Hebel Arbeitsvermittlung erfolgreich angewendet wurde, konnte er Lohnerhöhungen ermöglichen und einige andere Funktionen eines Tarifvertrages ersetzen – und im Fall der Buchdruckereihilfsarbeiter*innen ebnete der kluge Einsatz dieses Instruments direkt den Weg zum Tarifvertrag. Gertrud Hanna (1876–1944) beteiligte sich in zahlreichen Positionen an der Stärkung der weiblichen Interessensvertretung und war in zwei Verbänden aktiv, die den Arbeitsnachweis als Kampfinstrument bewusst nutzten. Sie erlernte ihr gewerkschaftliches Handwerk im *Verband der Buchdruckereihilfsarbeiter und -arbeiterinnen* (VBHi) und brachte dieses Erfahrungswissen in die Arbeit des *Zentralverbands der Hausangestellten* (ZdH) ein. Hanna führte ihre Tätigkeiten bis 1933 fort und war damit eine der Pionierinnen, die ihr Engagement über Jahrzehnte aufrechterhalten konnte.

Im Jahr 1906, lange vor dem Ersten Weltkrieg, konnte derselbe *Verband der Buchdruckereihilfsarbeiter und -arbeiterinnen*, der den Einsatz des Arbeitsnachweises zur Perfektion gebracht hatte, einen Tarifvertrag für Hilfsarbeiter*innen abschließen. Die Gewerkschaftsdelegation wurde von einer anderen Pionierin der Mitbestimmung geleitet: Paula Thiede (1870–1919) war langjährige Vorsitzende des Verbandes und zeichnete für diese erfolgreichen Tarifverhandlungen verantwortlich.

Eine weitere Pionierin, die bereits vor der Novemberrevolution unermüdlichen Einsatz zeigte, war Luise Kähler (1869–1955). Ihr Schwerpunkt lag in der Organisierung der Dienstmädchen und der Angestellten in verwandten Berufen. Die zahlreichen, fast ausschließlich weiblichen Hausangestellten standen hinsichtlich der Kämpfe um ihre Arbeitsbedingungen bis zur November-revolution vor einem riesigen strukturellen Hindernis: Die Gesindeordnung hielt sie in quasi-feudalen Abhängigkeitsverhältnissen, in denen Mitbestimmung keinen Platz hatte. Der Abschaffung dieser Gesindeordnungen galt der große Kampf des *Zentralverbands der Hausangestellten*. Mit der Frankfurterin Johanna Tesch (1875–1945) entstammte eine weitere Frau, die sich mit Nach-druck für mehr Rechte von arbeitenden Frauen einsetzte, diesem Verband. Auch Tesch wird in diesem Abschnitt kurz vorgestellt.

Mit dem Beginn der Weimarer Republik verlagerten sich die Aktivitäten in heute noch bestehende Bereiche und Strukturen. Im Kapitel III, „Um das Recht auf Mitbestimmung in der neuen Republik", werden drei Frauen vorge-stellt: Luise Zietz (1865–1922), die sich kämpferisch in den parlamentarischen Kampf um Mitbestimmungsrechte schmiss, Johanne Reitze (1878–1949), die an ihre Kolleginnen appellierte, diese neuen Rechte intensiv zu nutzen, und Toni Sender (1888–1964), die in unermüdlicher Kleinarbeit die rechtlichen Möglichkeiten des Betriebsrätegesetzes für die konkrete Arbeit vor Ort nutzbar machte.

Schließlich bilden drei Biografien das letzte Kapitel IV, „Pionierinnen in der Weimarer Republik", das veranschaulicht, wie die Arbeit von Betriebsrätinnen konkret aussah. Emma Benkert (1883–unbekannt) vertrat in einem Kinder-krankenhaus erfolgreich die Interessen ihrer Kolleg*innen, Grete Ilm (1880–1957) bekämpfte die schlechten Arbeitsbedingungen von Schauspieler*innen und Hilde Radusch (1903–1994) war als Betriebsrätin hochgeschätzte Ansprechperson der Reichspost-Kolleg*innen, die solidarischen Beistand brauchten.

II. Auf dem Weg zur Verrechtlichung und zur Verankerung im Betrieb

Heute verbriefen zahlreiche Gesetze die meisten Akte der Mitbestimmung in der Arbeitswelt. Doch das war natürlich nicht immer so. Erst nach der Novemberrevolution war durch die Weimarer Verfassung, das Betriebsrätegesetz und den Wegfall der Gesindeordnungen sowie viele andere rechtliche Neuerungen die Welt der Arbeit nicht mehr die gleiche. Doch auch diese Errungenschaften wurden ihrerseits über Jahrzehnte vorbereitet. Die proletarische Frauenbewegung entwickelte dabei Konzepte, die der Lebenswirklichkeit von Arbeiterinnen in besonderer Weise entsprachen. Diesen wichtigen Wurzeln (weiblicher) Mitbestimmung widmet sich das folgende Kapitel.

1. Gertrud Hanna (1876–1944) und ein vergessener Lohnregulator

Die Arbeitsvermittlung gelangte in den letzten Wochen des Ersten Weltkriegs und den ersten Jahren der Republik komplett in öffentliche Hand[32] und spielt bis heute in den Arbeitskampftaktiken der Gewerkschaften keine Rolle mehr. Doch das war einmal anders: So genannte gewerkschaftliche Arbeitsnachweise wurden insbesondere in den Jahrzehnten vor und nach 1900 genutzt, um Einfluss auf Löhne und Arbeitsverhältnisse zu erlangen. Meldeten sich die erwerbslosen Kolleg*innen ausschließlich (oder zumindest überwiegend) bei gewerkschaftlichen Büros – den Arbeitsnachweisen – als arbeitsuchend, war das ein sehr großes Machtmittel. Die Gewerkschaft konnte nun auswählen, welche Betriebe schnell, langsam oder gar keine Arbeitskräfte vermittelt bekamen – und machten dies von den Arbeitsbedingungen abhängig. Gerade für die arbeitenden Frauen hatte sich der Ansatz, Mitbestimmung mittels gewerkschaftlicher Stellenvermittlung zu erreichen, phasenweise als sehr erfolgreich erwiesen.[33] Gleich in mehreren Verbänden und Positionen wirkte die Buchdruckereihilfsarbeiterin Gertrud Hanna an der Umsetzung dieser Methode mit. Gerade weil dieser Ansatz völlig in Vergessenheit geraten ist, bedarf diese aus heutiger Sicht ungewöhnliche Art des Arbeitskampfes der Erläuterung.

---

32 Vgl. *Fuhrmann* in: Berger/Jäger/Kruke (Hrsg.), Gewerkschaften in revolutionären Zeiten, 237.

33 Vgl. zur Funktionsweise der Arbeitsnachweise ausführlich *Fuhrmann* in: Berger/Jäger/Kruke (Hrsg.), Gewerkschaften in revolutionären Zeiten, 237. Auszüge aus diesem Aufsatz werden hier in überarbeiteter Form aufgegriffen.

Die Dringlichkeit, mit der viele Arbeitslose in der zweiten Hälfte des 19. Jahrhunderts eine Stelle suchten, hatte auf dem völlig unregulierten Feld der Arbeitsvermittlung zu einem Wildwuchs geführt, auf dem zunächst die gewerblichen Akteure dominierten. Die heftigen Abhängigkeitsverhältnisse führten „besonders leicht zu Schwindeleien, Übertheuerungen und Ausbeutung".[34] Preußen beschloss eine rudimentäre polizeiliche Aufsicht, ohne dass diese Maßnahme dem Übel wirklich abhalf.[35]

Verschiedene Organisationen der Lohnabhängigen begegneten den drückenden Zuständen daraufhin durch die Gründung eigener Arbeitsvermittlungen. Die gewerkschaftsähnlichen Fachvereine, insbesondere solche, in denen sich Frauen zusammenschlossen, setzten diese Strategie vereinzelt schon in den 1880er Jahren erfolgreich um. Die ersten, meist kurzlebigen Versuche unternahmen Arbeiterinnenvereine, die sich 1885 gegründet hatten: Der „Verein zur Vertretung der Interessen der Arbeiterinnen", der „Verein der Arbeiterinnen Berlins" (auch „Nordverein" genannt) und der „Fachverein der Berliner Mantelnäherinnen", gegründet am 25. November 1885. Die Versuche wurden unter der strikten Auslegung des Sozialistengesetzes behördlicherseits schnell beendet.[36] Durch „scharfe Disziplin" und Beeinflussung der Kolleg*innen gelang es aber bereits einigen frühen gewerkschaftlichen Arbeitsnachweisen, die „Alleinherrschaft über die Arbeitsvermittlung ihres Gewerbes zu erringen und dergestalt die Arbeitgeber [...] in eine gewisse Abhängigkeit vom Fachverein zu versetzen."[37] Das bedeutete konkret, Kolleg*innen vorzugsweise in solche Stellen zu vermitteln, die bessere Arbeitsbedingungen und höhere Löhne boten.

Die freie Gewerkschaftsbewegung bekannte sich Ende des 19. Jahrhunderts – konkret auf dem Gewerkschaftskongress 1896 in Halle – grundsätzlich dazu, dass die Stellenvermittlung „in die Hände der Arbeiter"[38] gehöre. Es sei Sache der Arbeiter*innen als Eigentümer der „Ware Arbeitskraft", über deren Verwendung und die Konditionen für ihren Verkauf zu entscheiden. Denn der Arbeiter sei „Besitzer seiner Arbeitskraft, deren Verwertung allein ihm zusteht".[39]

---

34 *Evert*, Jahrbuch für Gesetzgebung, Verwaltung und Volkswirtschaft im Deutschen Reich 1888, 1103, 1109.

35 Vgl. Preußische Gewerbeordnung, Fassung 1.7.1883, §§ 35 und 38, nach *Evert*, Jahrbuch für Gesetzgebung, Verwaltung und Volkswirtschaft im Deutschen Reich 1888, 1103, 1110.

36 Vgl. *Losseff*, Frauenemanzipation und Gewerkschaften, 71–77.

37 *Evert*, Jahrbuch für Gesetzgebung, Verwaltung und Volkswirtschaft im Deutschen Reich 1888, 1103, 1111 f.

38 Zitiert nach *Mattutat*, Sozialistische Monatshefte 1917, 926, 927.

39 Zitiert nach *Mattutat*, Sozialistische Monatshefte 1917, 926, 927.

Ein solcher Nachweis diente zugleich als „Macht- und Kampfmittel" der Lohnabhängigen „als Klasse" gegen die Unternehmer und wurde daher unter Umständen auch zur „Versagung oder Erschwerung der Arbeitsvermittlung"[40] be-
nutzt. Die ebenfalls existierenden arbeitgebernahen Arbeitsnachweise erlebten
die Gewerkschaften entsprechend als „Maßregelungs- und Streikbrecher-
vermittlungsinstitute"[41].

Die individuelle Freiheit, seine Arbeitskraft zu den eigenen Bedingungen zu
verkaufen, wurde von der Gewerkschaftsbewegung kollektiv interpretiert und
umgesetzt. Erst dadurch entfaltete sich das darin schlummernde Potenzial –
und die individuelle Freiheit, zwischen Pest und Cholera zu wählen, verwan-
delte sich in gemeinsame (Verhandlungs-)Macht. Nicht das dem „stummen
Zwang der Verhältnisse"[42] ausgesetzte Individuum, sondern die Klasse (hier in
der Form gewerkschaftseigener Stellenvermittlung) entschied über die Bedingungen, zu denen gearbeitet wurde.

Es kam nicht von ungefähr, dass die Pionierinnen dieser Kampfform im Wesentlichen Frauen waren. Die Lohnarbeit von Frauen unterlag einer wesentlich höheren Fluktuation als die der Männer. Die Arbeitsverhältnisse wurden ständig un-
terbrochen, oft durch Schwangerschaft und Geburt oder die Betreuung von Säug-
lingen, aber auch durch das „Zuhausebleiben", wenn der Partner genug verdiente. Außerdem wurde Frauen, denen ja eine reguläre Ausbildung meist verwehrt
war, als Hilfsarbeiterinnen oder als Ungelernte viel schneller gekündigt. Wenn
die wirtschaftliche Lage der Unternehmen sich besserte, wurden die Frauen wieder eingestellt. Auch bei Verlust des Arbeitsplatzes des Partners oder der Verwit-
wung wurde der Wiedereintritt in die Lohnarbeit gesucht, ebenso, wenn die Kinder in einem Alter waren, in dem andere Betreuungsformen greifen konnten.[43]

Diese starke Fluktuation als Eigenheit weiblicher Erwerbsbiografien erschwer-
te den klassischen Streik, der allzu oft notwendig war – und ist –, um Lohnerhöhungen und Verbesserungen der Arbeitsbedingungen zu erreichen. Der Arbeitsnachweis als ein Büro zur Stellenvermittlung machte hier aus der Not
eine Tugend. Denn jeder Vermittlungsvorgang konnte so, insofern die Vermittlung unter gewerkschaftlicher Aufsicht stattfand, zu einer (positiven wie
negativen) Sanktionierung von Arbeitsbedingungen gemacht werden: Gute
Bedingungen wurden durch schnelle Vermittlung von Kolleg*innen belohnt,
schlechte Bedingungen durch Zurückhaltung der Arbeitskraft bestraft.

---

40   *Evert*, Jahrbuch für Gesetzgebung, Verwaltung und Volkswirtschaft im Deutschen Reich 1888, 1103,
      1112.
41   *Mattutat*, Sozialistische Monatshefte 1917, 926, 929.
42   *Marx/Engels*, Das Kapital, Band I (= MEW Bd. 23), 765.
43   Vgl. *Fuhrmann*, Feminismus in der frühen Gewerkschaftsbewegung, 33–34.

All diese Umstände kannte Gertrud Hanna nicht nur aus ihrem Lebensumfeld, sondern auch aus ihrer Erfahrung als Mitarbeiterin im *Verein der Arbeiterinnen an Buch- und Steindruck-Schnellpressen*, bei dem sie in verschiedenen Funktionen in den 1890er Jahren mitgearbeitet hatte. Denn die Buchdruckereihilfsarbeiterinnen in Berlin waren in diesem Bereich Vorreiterinnen, und in der konsequenten Nutzung des Arbeitsnachweises leisteten sie Pionierarbeit. Gegründet wurde ihr *Verein* 1890 als reine Frauengewerkschaft, die auch nach der Vereinigung mit den männlichen Kollegen viele Jahre lang ihre Autonomie im VBHi behielt. Auch der eigene Arbeitsnachweis nur für Kolleginnen blieb bis 1908 bestehen.[44]

Diese Berliner Frauengewerkschaft wurde aus der Not heraus gegründet. Ziel war es, „das Joch des damaligen Stellenvermittlers, welcher von den Prinzipalen eingesetzt war, abschütteln zu können."[45] Dieser nutzte seine Machtstellung zur Bereicherung auf Kosten der Hilfsarbeiter*innen – und zwar zusätzlich zu einer von „Prinzipalen und Arbeitssuchenden paritätisch zu tragende[n] [...] Gebühr"[46], die er einstrich. Doch nicht nur das, er zwang die Arbeitssuchenden zur Annahme von schlechten Arbeitsbedingungen, erteilte widerständigen Kolleg*innen Hausverbote und verunmöglichte ihnen, Arbeit zu finden.[47]

Am 5. März 1890 organisierten die Buchdruckereihilfsarbeiterinnen einen Vortrag über die „Gründung einer Organisation und Errichtung eines Arbeitsnachweises"[48] – dies war der Gründungstag einer zunächst kleinen, aber äußerst erfolgreichen Gewerkschaft. Ihr Gründungszweck unterstreicht die Bedeutung der Arbeitsvermittlungsfrage für die aufstrebende Gewerkschaftsbewegung. Nach einigen Jahren zäher Arbeit – spätestens seit 1893 war Gertrud Hanna nachweislich daran beteiligt – mussten die Unternehmer im Zuge der erfolgreichen Bewegung für einen Neunstunden-Tag 1896 den gewerkschaftlichen Arbeitsnachweis anerkennen.[49] Zunächst waren die Forderungen der Berliner Vereine der Hilfsarbeiter*innen in diesem Arbeitskampf abgelehnt worden. Doch dann, so berichtet Paula Thiede später,

> „begann ein Kampf von Druckerei zu Druckerei, bewilligte ein Prinzipal, dann gut, lehnte er ab, dann war keine Stunde später das gesamte Hilfspersonal auf dem Arbeitsnachweis [...] Fast fünf Wochen wur-

---

44 Vgl. *Fuhrmann*, Feminismus in der frühen Gewerkschaftsbewegung, 40–49.
45 *Heydemann*, Solidarität 1.4.1900, 1.
46 *Heydemann*, Solidarität 1.4.1900, 1.
47 Vgl. *Heydemann*, Solidarität 1.4.1900, 1 sowie *Thiede*, Vorwärts 13.4.1915, 6.
48 *Thiede*, Vorwärts 13.4.1915, 6.
49 Vgl. *Heydemann*, Solidarität 1.4.1900, 1.

de diese Kampfesform mit wechselndem Glück beibehalten, und bei Beendigung des Kampfes konnten die Berliner Hilfsarbeiter und Arbeiterinnen feststellen, daß die Löhne von 1,50 bis 3,– Mk pro Woche gestiegen waren, allerdings noch nicht in allen Betrieben, diese aber wurden in der nächsten Zeit bei besserem Geschäftsgang herangezogen, was durch geschickte Ausnutzung des Arbeitsnachweises auch gelungen ist. Der Arbeitsnachweis wurde auch in der Folge der Lohnregulator in Berlin."[50]

Wollte also eine Druckerei nicht die geforderten Löhne zahlen, kündigten dort die Kolleg*innen und suchten „auf dem Arbeitsnachweis", also im Büro der Gewerkschaft, nach einer Stelle mit höherem Lohn. Nur Betrieben, die solche Löhne zahlten, wurden dann auch Arbeiterinnen vermittelt. Kündigung, Arbeits(kräfte)verweigerung und aktive Stellensuche wirkten zusammen als effektives Druckmittel gegenüber den „Prinzipalen".

Der Arbeitsnachweis und damit die Entscheidung, zu welchen Betrieben welche Arbeiter*innen geschickt werden, wenn Personal benötigt wird – eigentlich ein permanenter Streik oder zumindest dessen permanente Androhung –, war ein also machtvoller Hebel, der in den Jahren 1896–1906 ausschließlich in der Hand des *Vereins der Arbeiterinnen an Buchdruck-Schnellpressen* und seines männlichen Pendants lag. Der große Nutzen war den Hilfsarbeiter*innen mehr als bewusst. 1898 ließen sie dies in einer Zeitschrift der Graphischen Gewerkschaften auch ihre Kollegen wissen: „Der Arbeitsnachweis ist das heiligste Gut der Organisation, welches mit allen Mitteln und Wegen geschützt werden muss."[51] In deutlichen Worten und mit aller Entschiedenheit verteidigten sie auch innerhalb der restlichen Gewerkschaftsbewegung ihren Arbeitsnachweis.[52] Zwar spielten die Buchdruckereihilfsarbeiter*innen in dieser Hinsicht in einer eigenen Liga, doch auch viele andere Gewerkschaften, die ausschließlich oder überwiegend Frauen organisierten, bedienten sich dieses Mittels.

Rund um den Jahreswechsel 1906/1907 gründeten die fast ausschließlich weiblichen Hausangestellten in Hamburg – ähnlich wie die Buchdruckereihilfsarbeiterinnen in Berlin – wenige Wochen nach ihrer Gewerkschaftsgründung einen eigenen Arbeitsnachweis. Dieser bestand aus einem Büro im Gewerkschaftshaus und florierte schnell: Im Jahr 1908 waren insgesamt 2.531 Stellengesuche eingelaufen, von denen nur ein Bruchteil bedient werden konnte.[53]

---

50 *Thiede*, Solidarität 10.4.1915, 2, 3.
51 *O.A.*, „Der Arbeitsnachweis in den Händen der Prinzipale", Solidarität 18.9.1898, 1.
52 Vgl. *o.A*, „Die paritätischen Arbeitsnachweise, ihr Zweck und Nutzen für die Organisation", Solidarität 2.4.1899, 2 f.
53 Vgl. Lebenserinnerungen Luise Kähler (12.1.1869–22.9.1955), BA SgY 30/0444, 7–8.

Auch hier stellte sich schnell qualitativer Erfolg ein: Wasch- und Reinemach-frauen wurden bald nur noch mit 10stündiger Arbeitszeit und ggf. mit Über-stundenbezahlung vermittelt. Ihr Lohn war so hoch, dass ungelernte männ-liche Arbeiter verwundert äußerten, dies sei „ja ein Mannsgeld"[54]. Die gewerk-schaftliche Selbstorganisation und konsequente Umsetzung der Idee des Ar-beitsnachweises rückte also den auch damals schon präsenten Grundsatz ‚Gleicher Lohn für gleiche Arbeit' in den Bereich seiner konkreten Umset-zung.[55] Luise Zietz (s.u. III.2.), dem Verband eng verbunden, schloss sich der positiven Einschätzung an und verstand den Arbeitsnachweis als „Rückgrat"[56] der Organisation. Der Arbeitsnachweis der Hausangestellten und verwandten Berufe in Hamburg bestand bis zum Anschluss an den städtischen Nachweis 1914.[57] Die Vorsitzende des *Zentralverbands der Hausangestellten Deutschlands* (ZdH), Luise Kähler (s.u. II.3.), qualifizierte sich mit diesen Erfahrungen für ihre spätere Tätigkeit als Vertreterin der Gewerkschaften im Landesarbeitsamt Berlin, zu einem Zeitpunkt, zu dem die Stellenvermittlung auf staatliche Stel-len übergegangen war.[58]

Die Arbeitsnachweise wurden also insbesondere von Gewerkschaften genutzt, die ausschließlich oder überwiegend Frauen organisierten. Die unsteten, oft spezifisch weiblichen Beschäftigungsformen machten den wohlbekannten klassischen Streik schwer durchführbar, begünstigten aber die Arbeitskampf-form der gezielten, gewerkschaftseigenen Stellenvermittlung. Durch das ge-schickte Ausnutzen der zahlreichen Vermittlungsvorgänge machten sie die er-zwungene Fluktuation von Arbeiter*innen zur Waffe, erstritten sich eine (ver-trags- und verhandlungsfreie!) Mitbestimmung im Bereich der Arbeitsverhält-nisse, oft lange bevor gesetzliche Vorgaben oder Tarifverträge die Erfolge kodifizierten.

Die erste der hier vorgestellten Pionierinnen der Mitbestimmung, Gertrud Hanna (1876–1944), hatte in den beiden soeben vorgestellten Gewerkschaf-ten – den Verbänden der Buchdruckereihilfsarbeiter*innen und der Hausange-stellten – wichtige Funktionen inne und war mit den Mechanismen des Ar-beitsnachweises bestens vertraut.

---

54 Vgl. *Verband der Hausangestellten*, Protokoll des ersten Verbandstages des Zentralverbandes der Haus-angestellten Deutschlands, 62.

55 Vgl. *Verband der Hausangestellten*, Protokoll des ersten Verbandstages des Zentralverbandes der Haus-angestellten Deutschlands, 62–65.

56 *Verband der Hausangestellten*, Protokoll des ersten Verbandstages des Zentralverbandes der Hausange-stellten Deutschland, 65.

57 Vgl. Lebenserinnerungen Luise Kähler (12.1.1869–22.9.1955), BA SgY 30/0444, 7–8.

58 Vgl. *Zimmermann* in: Mielke (Hrsg.): Gewerkschafterinnen im NS-Staat (Band 1), 199, 202.

Marie Helene Gertrud Hanna wurde am 22. Juni 1876 in der Rosenthalerstraße 26 in Berlin geboren.[59] Ihre Eltern waren der Schriftgießer Karl Gustav Hanna und seine Frau Dorothee Luise (geb. Fleischer). Zwei ihrer Schwestern waren ebenfalls in der Gewerkschaftsbewegung aktiv.[60] Gertrud Hanna hatte wie Paula Thiede bereits im Jugendalter begonnen, als Hilfsarbeiterin im Buchdruck zu arbeiten und war 1893 dem *Verein der Arbeiterinnen an Buch- und Steindruck-Schnellpressen* gegen den ausdrücklichen Wunsch der Eltern beigetreten.[61] Seit Beginn des Jahres 1899 wird sie regelmäßig im Gewerkschaftskontext erwähnt, zunächst als Schriftführerin der Buchdruckereihilfsarbeiterinnen.[62] In den folgenden Jahren nahm sie auch verschiedene andere Aufgaben wahr, z.B. als Schriftführerin bei den Sitzungen der Allgemeinen Ortskrankenkasse (AOK) Berlin, also in der Selbstverwaltung der Sozialversicherung.[63] Später rückte sie in den VBHi-Verbandsvorstand auf.

Abbildung 4: Gertrud Hanna im Dezember 1906

Zum 1. März 1909 übernahm Hanna als Nachfolgerin von Ida Altmann die Leitung des Arbeiterinnensekretariats bei der „Generalkommission der Gewerkschaften Deutschlands"[64], in dieser Eigenschaft beriet sie auch die Verbandsführung des ZdH um Luise Kähler und diente dem Verband als

59   Geburtsurkunde Gertrud Hanna, LA Berlin, P Rep. 806 Nr 674.
60   Vgl. *Fuhrmann*, Feminismus in der frühen Gewerkschaftsbewegung, 148.
61   Vgl. *Quataert*, Reluctant Feminists, 64 (diese nach *Lion*, Zur Soziologie der Frauenbewegung. Die sozialistische und die katholische Frauenbewegung, Berlin 1926, 100).
62   Vgl. Solidarität, 8.1.1899, 4.
63   Vgl. Solidarität, 16.2.1902, 4.
64   Correspondenzblatt der Generalkommission der Gewerkschaften Deutschlands, 10.4.1909, 225.

Kassiererin. 1916 übernahm sie die Redaktion der neu gegründeten „Gewerkschaftlichen Frauenzeitung". Sie beteiligte sich am Aufbau der Arbeiterwohlfahrt (AWO) und an den vorbereitenden Arbeiten zur Gründung der Akademie der Arbeit Frankfurt.[65] Hanna war von 1919 bis 1921 Mitglied der verfassunggebenden preußischen Landesversammlung und hatte bis 1933 ein Mandat im Preußischen Landtag inne. Darüber hinaus engagierte sie sich seit den 1920er Jahren im Rahmen der *International Labour Organization* (ILO) stark in der internationalen Arbeit.[66] Sie publizierte mindestens zweimal auf Englisch, 1923 einen langen Artikel über Frauen in der deutschen Gewerkschaftsbewegung[67] und zwei Jahre später eine Auswertung der Erfahrungen mit der Heimarbeitsausstellung, die 1906 in Deutschland viel Aufsehen erregt hatte.[68]

Als das Nazi-Regime am 2. Mai 1933 zum Schlag gegen die Gewerkschaften ausholte, war auch Gertrud Hanna direkt betroffen. Ihr Arbeitsort, das Haus des Allgemeinen Deutschen Gewerkschaftsbunds (ADGB) in der Berliner Inselstraße, wurde von der SA gestürmt. Hanna wurde „außer Dienst gestellt"[69] und nach Hause geschickt, entging aber einer Verhaftung. Von den Behörden schikaniert, zog sie sich mit einer ihrer Schwestern nach Berlin-Haselhorst zurück und verdiente ihren Lebensunterhalt mit Flickarbeiten. Am 26. Februar 1944 nahmen sich die Schwestern gemeinsam das Leben.[70] Im Oktober 2021 wurden in Berlin in Erinnerung an die Schwestern zwei Stolpersteine verlegt.[71]

Vier Jahrzehnte lang hat sich Gertrud Hanna für die Sache der arbeitenden Frauen eingesetzt. Bevor sie ihr Wirkungsfeld auf die reichsweite und internationale Ebene verlagerte, war sie ein verlässlicher Aktivposten in den Verbänden der Buchdruckereihilfsarbeiter*innen und der Hausangestellten. Diese beiden Verbände hatten in einigen Städten und Regionen – Berlin und viele weitere im VBHi, Hamburg und Bremen im ZdH – die Strategie der gewerkschaftlichen Arbeitsnachweise zur Perfektion gebracht. So nimmt es wenig Wunder, dass sie auf dem Zweiten Verbandstag des ZdH im Jahr 1919 kenntnisreich zur Funktion und Geschichte der Arbeitsnachweise referierte. Hanna beschrieb die Entwicklungen dieses Instrumentes im historischen Verlauf und ihre Bedeutung für die Gewerkschaften:

---

65 Vgl. *Losseff-Tillmanns*, Frauenemanzipation und Gewerkschaften, 362.
66 Vgl. *Scheiwe/Artner* in: Boris/Hoehtker/Zimmermann (Hrsg.), Women's ILO 2018, 75.
67 Vgl. *Hanna*, International Labour Review 1923, 21–37.
68 Vgl. *Hanna*, International Labour Review 1925, 523–529.
69 *Hoffmann* in: Mielke (Hrsg.), Gewerkschafterinnen im NS-Staat (Band 1), 164, 167.
70 Vgl. *Juchacz*, Sie lebten für eine bessere Welt, 110.
71 Vgl. *Ohne Autor*: Erinnerung an zwei mutige Frauen.

> „In der ersten Entwicklung der Organisationen waren die Arbeitsnachweise das wichtigste [sic!] Instrument zur Kontrolle der Arbeitsbedingungen."[72]

Über die auf diese Phase folgenden Kämpfe um die Hoheit über die Stellenvermittlung zwischen gewerkschaftlichen, privaten, unternehmergesteuerten und öffentlichen Arbeitsnachweisen konnte Hanna auch bei dieser Gelegenheit noch aus eigener Erfahrung berichten. Diese konkrete Arbeit, auf die Hanna zurückgriff und von der sie zu diesem Zeitpunkt schon viele Jahre hinter sich gebracht hatte, lässt sich kaum aus den spärlichen Quellen rekonstruieren. Doch es ist umso einfacher zu erkennen, dass ihre Tätigkeit als Organisatorin und Funktionärin von herausragender Bedeutung war, insbesondere für die gewerkschaftlichen Verbände, die den Weg zur Mitbestimmung prägten.

2. Ein bemerkenswerter Tarifvertrag – Paula Thiede (1870–1919)

Die konsequente Ausnutzung des lokalen gewerkschaftlichen Arbeitsnachweises führte im Falle der Buchdruckereihilfsarbeiter*innen dazu, dass die Druckunternehmer um einen Tarifvertrag förmlich bettelten. Sie boten der Gewerkschaft 1906, nur acht Jahre nach der Verbandsgründung, Tarifverhandlungen an. Dafür war ihre Bedingung, den Arbeitsnachweis aus der Hoheit der Hilfsarbeiter*innen herauszulösen.[73] Die Prinzipale beharrten auf einer gemeinsam festgelegten Geschäftsordnung: „[N]atürlich", so beschrieben sie die gewünschten Folgen, könnten die Hilfsarbeiter*innen den Arbeitsnachweis

> „nicht so bedienen wie heute. Denn sie haben den Arbeitsnachweis hauptsächlich zur Aufbesserung der Löhne ihrer Mitglieder benutzt. Hatte eine Druckerei eine Arbeitskraft für 16 Mk. verlangt, dann hatten sie keine zu schicken; erklärte sich aber die Druckerei bereit, 17 Mk. zu zahlen, dann hatten sie Arbeitskräfte übrig."[74]

---

72 Vgl. *Zentralverband der Hausangestellten Deutschlands*, Protokoll des zweiten Verbandstages, 70 ff.

73 Vgl. *Verband der Buch- und Steindruckerei- Hilfsarbeiter und -Arbeiterinnen Deutschlands*, Protokoll über die Sitzung der Kommission zur Schaffung allgemeiner Bestimmungen für die Obliegenheiten, Arbeitszeit und Entlohnung des Hilfspersonals, 7, 12–15 und 32–35.

74 *Verband der Buch- und Steindruckerei-Hilfsarbeiter und -Arbeiterinnen Deutschlands*, Protokoll über die Sitzung der Kommission zur Schaffung allgemeiner Bestimmungen für die Obliegenheiten, Arbeitszeit und Entlohnung des Hilfspersonals, S. 34.

Nach zähen Verhandlungen wurde mit Blick auf den bevorstehenden Abschluss des Tarifvertrages schließlich eine neue Regelung einstimmig angenommen, wonach die Kosten paritätisch getragen wurden, die Geschäftsordnung im Konsens ausgearbeitet werden musste und einige Streitschlichtungsvorgaben gemacht wurden. Mit Abschluss der „Allgemeinen Bedingungen für die Obliegenheiten, Arbeitszeit und Entlohnung des Hilfspersonals" im Dezember 1906 bzw. den darauffolgenden lokalen Lohnverhandlungen verlor der Arbeitsnachweis in dieser Branche seine vorherige Funktion, während die heute noch üblichen Tarifverträge an seine Stelle traten.[75] Damit war ein bedeutendes Druckmittel, das direkt in den Händen der Arbeiterorganisationen lag und spontan verwendet werden konnte, in die Ebene langfristig geltender Verträge zwischen Vertreter*innen von Arbeit und Kapital verlagert worden.

In den Verhandlungen über diesen ersten Tarifvertrag für die Hilfsarbeiter*innen im Druckgewerbe wird die herausragende Stellung von Paula Thiede deutlich, einer weiteren Pionierin der Mitbestimmung. Sie führte die Verhandlungen für ihren Verband und war zu diesem Zeitpunkt bereits eine erfahrene Gewerkschafterin.[76]

Abbildung 5: Paula Thiede inmitten der Verbandsdelegierten zu den ersten Tarifverhandlungen im Dezember 1906 in Leipzig

---

75 Vgl. *Thiede*, Solidarität 10.4.1915, 2.

76 Für eine ausführliche Biografie siehe *Fuhrmann*, „Frau Berlin" – Paula Thiede (1870–1919).
Eine hilfreiche Sammlung verschiedener Ressourcen zum Leben Paula Thiedes findet sich hier:
https://www.verdi.de/ueber-uns/idee-tradition/paula-thiede, zuletzt 18.11.2022.

Paula Thiede wurde am 6. Januar 1870 in Berlin als Pauline Philippine Auguste Berlin geboren. Als Kind einer Arbeiterfamilie wuchs sie am südlichen Rand des Berliner Zeitungsviertels auf (heute Hallesches Tor). Bereits mit 14 Jahren begann sie als Anlegerin im Buchdruck zu arbeiten und große Papierbögen im Takt der Maschinen in die neu aufgekommenen Schnellpressen einzulegen. Als sie 1891 zum zweiten Mal schwanger war, starb ihr erster Ehemann. Paula Thiede erlebte daraufhin bittere Armut und verlor in dieser Situation ihr zweites Kind.

Sie schloss sich dem *Verein der Arbeiterinnen an Buch- und Steindruck-Schnellpressen* an, übernahm in dieser Frauengewerkschaft schnell wichtige Funktionen und beteiligte sich an großen Streiks und Arbeitskämpfen. Als sie und ihre Kolleg*innen 1898 den gemischtgeschlechtlichen und reichsweiten *Verband der Buchdruckerei-Hilfsarbeiter und -Arbeiterinnen Deutschlands* gründeten, wurde Paula Thiede zur Vorsitzenden gewählt. Damit führte weltweit zum ersten Mal eine Frau eine staatsweite Gewerkschaft an, in der sich Frauen und Männer gemeinsam organisierten. Dieser Verband, ein Vorläufer der Vereinten Dienstleistungsgewerkschaft ver.di, feierte große Erfolge – nicht zuletzt, weil er die Interessen seiner weiblichen Mitglieder kannte und offensiv vertrat. Eines seiner Instrumente war die oben beschriebene Technik, mittels gewerkschaftseigener Stellenvermittlungen die Arbeitsbedingungen zu verbessern. Auch die Organisation selbst wurde von Paula Thiede und Kolleginnen in vielen Punkten so umgestaltet, dass sie der Lebenswirklichkeit arbeitender Frauen gerechter wurde.

Die Gewerkschafterin Paula Thiede brachte sich über Arbeitskämpfe und Organisationsarbeit hinaus entschieden für Gleichberechtigung ein. Als eine der deutschen Gewerkschaftsdelegierten bei der Zweiten Internationalen Sozialistischen Frauenkonferenz in Kopenhagen 1910 stimmte sie dafür, den Weltfrauentag ins Leben zu rufen. Bei der ersten Durchführung 1911 forderte sie in ihrer Rede vor Tausenden von Zuhörer*innen in Berlin: „Gebt uns unsere Menschenrechte, gebt uns das Wahlrecht!"[77] Mit den Wahlen zur Weimarer Nationalversammlung erfüllte sich diese Forderung am 19. Januar 1919: Paula Thiede konnte, bereits schwer erkrankt, zum ersten Mal wählen. Sie verstarb nur kurz darauf am 3. März 1919.

Unter ihrer Leitung konnte der Verband große Erfolge erzielen, worunter der Abschluss des erwähnten Tarifvertrages nochmals herausragt. Über den Prozess seines Abschlusses sind bemerkenswerte Details überliefert, die wichtige Konkretionen der Pionierzeit veranschaulichen: Am 16. Dezember 1906 verhandelten im Deutschen Buchgewerbehaus zu Leipzig Vertreter*innen des

---

[77]   Solidarität, 18.3.1911, 1.

VBHi unter Leitung von Paula Thiede mit den Delegierten der Unternehmer über „allgemeine Bestimmungen" für die Arbeit des Hilfspersonals in Druckereien.[78] Dass diese Tarifverhandlungen überhaupt stattfanden, war bereits ein großer Erfolg. Angesichts der immer noch gefährlichen und gesundheitsschädlichen sowie schlecht abgesicherten Arbeit verhandelten die Vertreter des VBHi buchstäblich „um ihr Leben" und das ihrer Kolleg*innen.[79] Sie hatten zu diesem Zeitpunkt bereits einen langen und mühsamen Kampf für bessere Arbeitsbedingungen hinter sich, und die erfolgreichen Verhandlungen waren eine von Paula Thiedes Sternstunden. Im Rückblick auf die Zustände in den Druckereien während der Verbandsgründung 1898 erinnerten sich 1928 einige Kolleg*innen:

> Das „Hilfspersonal war nichts, mit dem [die Unternehmer, U.F.] rechnen mußten, man brauchte keine Rücksicht zu nehmen und konnte beliebig mit ihnen umspringen. Das sollte nun anders und natürlich besser werden. Mit der Geburtsstunde unseres Verbandes sollten erträgliche Zustände für die Kollegen und Kolleginnen [sic!] erstrebt werden. […] Paula Thiede stand 21 Jahre lang an der Spitze der Organisation […]. Mit Hochachtung und Dankbarkeit haben wir jener Frau immer zu gedenken. Das sollten vor allem unsere Kolleginnen beherzigen, denen sie Anerkennung in Unternehmer- und Arbeiterkreisen verschaffte."[80]

Auf dieser Anerkennung, die spätestens mit Beginn der Leipziger Verhandlungen für reichsweite Regelungen nicht mehr zu leugnen war, ruhten sich Paula Thiede und ihre Kolleg*innen aber keineswegs aus. Obwohl sie dem Kompromisscharakter dieser Beratungen Rechnung trugen, blieben sie an vielen Punkten bemerkenswert standhaft. Sie forderten eine Überstundenbegrenzung für Frauen, weil diese aufgrund der ihnen zugewiesenen Sorgearbeit auf pünktlichen Feierabend angewiesen waren, und zwar so energisch und hartnäckig, dass sich die Prinzipale in einer Auszeit zurückzogen und auf die Hilfsarbeiter*innen zugehen mussten.[81]

---

78   Vgl. *Verband der Buch- und Steindruckerei-Hilfsarbeiter und -Arbeiterinnen Deutschlands*, Protokoll über die Sitzung der Kommission zur Schaffung allgemeiner Bestimmungen für die Obliegenheiten, Arbeitszeit und Entlohnung des Hilfspersonals.

79   *Verband der Buch- und Steindruckerei-Hilfsarbeiter und -Arbeiterinnen Deutschlands*, Protokoll über die Sitzung der Kommission zur Schaffung allgemeiner Bestimmungen für die Obliegenheiten, Arbeitszeit und Entlohnung des Hilfspersonals, 23.

80   *Die Mitgliedschaften im Gau I Rheinland-Westfalen*, Zum neunten Verbandstage in Köln und zum dreissigjährigen Bestehen des Verbandes der Graphischen Hilfsarbeiter und -Arbeiterinnen Deutschlands, 1928, 5 f.

81   Vgl. *Verband der Buch- und Steindruckerei-Hilfsarbeiter und -Arbeiterinnen Deutschlands*, Protokoll über die Sitzung der Kommission zur Schaffung allgemeiner Bestimmungen für die Obliegenheiten, Arbeitszeit und Entlohnung des Hilfspersonals, 42–45.

Außerdem bestanden die VBHi-Vertreter*innen auf einer genauen Definition der Tätigkeiten, zu denen Hilfsarbeiter*innen verpflichtet werden können. Damit schufen sie die Grundlage dafür, dass sich Hilfsarbeiter*innen künftig einigen „fachfremden" Arbeiten (z.B. die bereits eingangs erwähnte Reinigung von Spucknäpfen, Toiletten oder Fenstern) verweigern konnten.[82] Das war ein wichtiger Erfolg, wenn man sich vor Augen hält, wie die Zustände noch fünf Jahre zuvor ausgesehen hatten. Selbst körperliche Gewalt war um die Jahrhundertwende nicht selten, etwa in Berlin 1901:

> „Der Prügelprinzipal setzte aber seiner Brutalität noch die Krone auf, indem er der Kollegin T. 15 Mk bot, wenn sie die Klage zurücknehme und sich, als dies ausgeschlagen wurde, die saubere Bemerkung erlaubte, daß es ihm leid thue, es ihr nicht noch besser besorgt zu haben."[83]

Im selben Jahr – fünf Jahre vor dem Abschluss des Vertrages – kam es zu willkürlichen Entlassungen von Vertrauensfrauen oder beispielsweise einer Kollegin, die sich geweigert hatte, Werkzeugschränke zu reinigen („Stegespinden zu scheuern"), weil dies nicht zu ihren Aufgaben als Hilfsarbeiterin gehörte.[84] Oft waren es nicht nur die Prinzipale oder „deren Aufseher", die die Anlegerinnen, Bogenfängerinnen oder Punktiererinnen als „Parias" behandelten, vielmehr gefiel sich auch „ein Teil der Gehilfen mit Künstlerstolz und Tradition […] in der Geringschätzung der Arbeiterschaft".[85] Solcherlei Willkür eine formale Schranke gesetzt zu haben, war einer der Erfolge, auf die die Gewerkschafter*innen stolz sein konnten. Der Schutz funktionierte also in zwei Richtungen: Zum Ersten halfen die Kodifizierungen im Tarifvertrag gegen die Arbeitgeber-Willkür, gegen den notorischen „Herr-im-Hause-Standpunkt", der im Zusammenspiel mit patriarchalen Menschenbildern Frauen das Arbeitsleben zusätzlich schwer machte. Zum Zweiten konnte damit auch den Herabwürdigungen durch männliche Kollegen begegnet werden, und zwar unabhängig davon, ob diese nur Anweisungen der Arbeitgeber weiterreichten oder die Hilfsarbeiterinnen aus eigenem patriarchalem Antrieb schikanierten. Damit standen die Mitglieder von Paula Thiedes Gewerkschaft besser da als die Setzerinnen, ihre weiblichen Kolleginnen mit höherer Qualifikation. Diese stammten zwar oft aus bürgerlichen Elternhäusern, waren aber nicht gewerkschaftlich organisiert und wurden ohne diesen Schutz regelmäßig für „niedere" oder fachfremde Arbeiten eingespannt.[86]

---

82 Vgl. *Verband der Buch- und Steindruckerei-Hilfsarbeiter und -Arbeiterinnen Deutschlands*, Protokoll über die Sitzung der Kommission zur Schaffung allgemeiner Bestimmungen für die Obliegenheiten, Arbeitszeit und Entlohnung des Hilfspersonals, 26–31.

83 Solidarität, 22.12.1901, 3.

84 Vgl. Solidarität, 22.12.1901, 3.

85 Solidarität, 1.6.1923 (Jubiläumsausgabe), o. S. [△ 2].

86 Vgl. *Gabel*, Die Arbeiterinnen und ihre gewerkschaftliche Organisation im deutschen Buchdruckgewerbe 1890–1914, 77.

Nachdem im Dezember 1906 also mit den „Allgemeinen Bedingungen für die Obliegenheiten, Arbeitszeit und Entlohnung des Hilfspersonals" der reichsweite Rahmen für die Arbeitsbedingungen ausgehandelt worden war, musste die jeweilige Lohnhöhe noch vor Ort bestimmt werden. Das entsprechende Protokoll über diese Lohnverhandlungen für Berlin zeigt auf 189 Seiten ein hartes Feilschen um Stundenentlohnung, Eingruppierung und Zuschläge.

FRAU PAULA THIEDE
Mitgründerin des Verbandes und Zentralvorsitzende
von 1898 bis 1919.

Abbildung 6: Paula Thiede (Skizze von 1928)

Auch hier schenkten Paula Thiede und Kolleg*innen den Unternehmern nichts: Der Nachtarbeiterlohn betrug schon vor diesen Verhandlungen „kolossale" 36 Mark pro Woche. Dies war möglich geworden, weil durch das Nachtarbeitsverbot für Frauen die Hälfte der Hilfsarbeiterschaft nicht zur Verfügung stand und es durch geschickte Nutzung des Arbeitsnachweises (in diesem Fall für die männlichen Hilfsarbeiter) gelungen war, „den Arbeitsmarkt so zurückzuhalten, daß überhaupt nur wenig Personal da war".[87] Während der Verhandlung gelang es durch ein geschicktes Zusammenspiel von Paula Thiede und ih-

---

87 *Verband der Buch- und Steindruckerei-Hilfsarbeiter und -Arbeiterinnen*, Sitzung der Tarifverhandlungen des Verbandes der Buch- und Steindruckerei-Hilfsarbeiter und -Arbeiterinnen für die Ortsverwaltungen Berlin I und II, 188.

rem Berliner Kollegen August Moritz, die komplette Nachtlohnhöhe auch für solche Fälle durchzusetzen, in denen ein Teil der Arbeitszeit der Männer in die Tag- und ein anderer in die Nachtzeiten fiel.[88] Der gesetzliche Rahmen, der Frauen die Nachtarbeit verbot, konnte im Rahmen dieser Tarifverhandlungen nicht geändert werden – also nutzte die gemischtgeschlechtliche Delegation die daraus resultierenden Vorteile für die männlichen Kollegen pragmatisch aus. Das beweist eine beeindruckende Reife der gewerkschaftlichen Strategie. Der VBHi, Paula Thiede und Kolleg*innen hatten einen weiten Weg hinter sich, um geschlechtergerechte Gewerkschaftspolitik zu entwickeln. Trotz der festen Überzeugung, eine Verbesserung für die Kolleginnen erreichen zu müssen, nutzte der Verband in dieser Situation ganz pragmatisch die Chance, eine furiose Höhe der Nacharbeitslöhne zu vereinbaren – obwohl davon ausschließlich die (sowieso besser bezahlten) männlichen Kollegen etwas hatten.

Den Eindruck, dass sich die Vertreter*innen des VBHi um Paula Thiede in diesen Verhandlungen mehr als gut geschlagen haben, teilte auch die Gegenseite. Zur Nachtlohnregelung merkten die Prinzipale an:

> „Sie stehen sich ja schon so viel besser als die Gehilfen; denn diese haben nur die in die Nacht fallenden Stunden."[89]

Dies bringt einen bemerkenswerten Zustand auf den Punkt: Obwohl die Gehilfen besser ausgebildet waren, den Arbeitskräftemarkt in fast zünftiger Manier regulieren konnten und jahrzehntelange Erfahrungen in Tarifverhandlungen hatten, erreichte die Hilfsarbeiterschaft mit einer Kombination aus kämpferischer Grundhaltung, alltäglichem teurem Verkauf ihrer Arbeitskraft durch den Arbeitsnachweis und großem Verhandlungsgeschick enorme Zugeständnisse der Unternehmen.[90] Als die Beratungen für den lokalen Berliner Lohntarif zu Ende gingen (und solche Aussagen daher so gut wie keinen strategischen Effekt mehr hatten), jammerten die Unternehmer gegenüber den Hilfsarbeiter*innen:

---

88 Vgl. *Verband der Buch- und Steindruckerei-Hilfsarbeiter und -Arbeiterinnen*, Sitzung der Tarifverhandlungen des Verbandes der Buch- und Steindruckerei-Hilfsarbeiter und -Arbeiterinnen für die Ortsverwaltungen Berlin I und II, 188 f.

89 *Verband der Buch- und Steindruckerei-Hilfsarbeiter und -Arbeiterinnen*, Sitzung der Tarifverhandlungen des Verbandes der Buch- und Steindruckerei-Hilfsarbeiter und -Arbeiterinnen für die Ortsverwaltungen Berlin I und II, 189.

90 Dies geschah unter anderem mit Hilfe einer Lehrlingsskala, die ab 1886 untersagte, mehr als einen Lehrling pro drei Gehilfen zu beschäftigen. Vgl. *Gabel*, Die Arbeiterinnen und ihre gewerkschaftliche Organisation im deutschen Buchdruckgewerbe 1890–1914, 78, dort auch Anm. 3.

„Wir haben Ihnen so viel konzediert, wie wir irgend verantworten können. (Zuruf: Mehr!) Vielleicht sogar noch mehr. (Zuruf: Ganz entschieden!)"[91]

In diesem Tenor endete für Berlin die lokale Lohn-Aushandlung für den ersten (noch nicht allgemeinverbindlichen) reichsweiten Tarif für die Buchdruckerei-Hilfsarbeiter*innen, der zum 1. Juli 1907 Gültigkeit erlangte. Zu diesem Termin wurden die Arbeitsnachweise der beiden Zahlstellen zusammengelegt und gemäß Tarifvereinbarung in eine paritätische Verwaltung überführt.[92] Die gemeinsame Verwaltung der neuen Vermittlungsstelle besiegelte zugleich das Ende der 18 Jahre lang gepflegten autonomen Organisierung der Berliner Hilfsarbeiterinnen, denn einige Zeit später mussten auch die Berliner Zahlstellen zusammengefasst werden.[93]

Die Prinzipale hatten auf eine lange Tariflaufzeit von fünf Jahren gesetzt, der VBHi lehnte jedoch ab und verwies mehrfach darauf, dass er als junger Verband und angesichts sehr unterschiedlicher örtlicher Gegebenheiten und Dynamiken keine so langfristige Zusage machen wolle. Kaum verhohlen kündigten die Hilfsarbeiter*innen an, überall dort, wo sie ihre Organisierung stärken können, auch höhere Löhne zu erkämpfen. Der Kompromiss sah schließlich vor, die „Obliegenheiten" zwar für fünf Jahre gelten zu lassen, die örtlichen Vereinbarungen einschließlich der Lohnhöhe jedoch maximal drei Jahre.[94] In Berlin wurden nach der Einigung 1907 im Dezember 1911 erneut (Lohn-)Verhandlungen abgeschlossen, in Hamburg erfolgte die Einigung 1908 und die Erneuerung des Lohnabschlusses ebenfalls im Dezember 1911.[95]

In den ersten Jahren nach dem Tarifabschluss erhöhte sich die Zahl der VBHi-Mitglieder rasant, was vermutlich darauf zurückzuführen ist, dass nicht nur die kampfstarken Druckmetropolen, sondern auch die Zahlstellen in der „Provinz" leicht von den Verbesserungen profitieren konnten. Die Mitglieder

---

91 *Verband der Buch- und Steindruckerei-Hilfsarbeiter und -Arbeiterinnen*, Sitzung der Tarifverhandlungen des Verbandes der Buch- und Steindruckerei-Hilfsarbeiter und -Arbeiterinnen für die Ortsverwaltungen Berlin I und II, 186.

92 Vgl. Solidarität, 29.6.1907, 4 (Anzeige).

93 Vgl. Die formale Zusammenlegung fand zum 1. Januar 1909 statt. Vgl. *Verband der Buch- und Steindruckerei-Hilfsarbeiter und Arbeiterinnen Deutschlands*, Protokoll vom 5. Verbandstag in Bremen 12.–16. Sept. 1910, 38 (Bericht aus Berlin). Durch die Tarifgemeinschaft war ein gemeinsamer paritätischer Arbeitsnachweis vorgeschrieben, was auch die Vereinigung der Zahlstellen erforderlich machte.

94 Vgl. *Verband der Buch- und Steindruckerei- Hilfsarbeiter und -Arbeiterinnen Deutschlands*, Protokoll über die Sitzung der Kommission zur Schaffung allgemeiner Bestimmungen für die Obliegenheiten, Arbeitszeit und Entlohnung des Hilfspersonals, 37–41.

95 Vgl. Thiede, Solidarität 10.4.1915, 2.

zahl erhöhte sich zwischen dem 1. Januar 1905 und dem 31. Dezember 1908 von 4.826 auf 12.689 – mit einem deutlichen Schwerpunkt in den Jahren nach dem Tarifabschluss.[96]

Mitte 1908 galten bereits siebzehn Städte als „Tariforte", in denen der Tarif in 765 Buchdruckereien für 8.302 Personen Anwendung fand; davon waren 6.702 Mitglieder der Gewerkschaft und von diesen wiederum 3.752 Frauen. In den Tariforten blieben nur noch 133 Betriebe, in denen der Tarif nicht galt.[97] Hinzu kamen allerdings die vielen Regionen oder Städte, in denen der (nicht allgemeinverbindliche) Tarif noch keine Gültigkeit hatte – trotz zum Teil wiederholter Versuche, etwa in Dresden.[98] Obwohl in den Verbandsberichten oftmals das noch zu Erreichende in den Vordergrund gestellt wurde, war die Bilanz zum zehnjährigen Jubiläum des Verbands doch beeindruckend.

Im Dezember 1919 wurde schließlich der „Reichstarif der Hilfsarbeiter" abschlussreif verhandelt und die Verhandlungspartner beschlossen, dass dieser „unter das Protektorat des Tarifausschusses der Deutschen Buchdrucker" gestellt werden solle. Mit einem weiteren Beschluss vom 12. Februar 1921 wurde dieses Arrangement verbindlich, das zugleich besagte, dass alle Unternehmer, die der Tarifbindung für ihre Gehilfen unterlagen, auch den Hilfsarbeiter*innen Tariflöhne zahlen mussten und an tariflich festgelegte Arbeitsbedingungen gebunden waren.[99]

Der immense Erfolg dieses Abschlusses liegt auf der Hand. Es wurde nicht nur eine schlechter qualifizierte Gruppe von Arbeiter*innen in das Tarifsystem miteinbezogen, sondern zugleich die Arbeit von Frauen formal aufgewertet und mit höheren Löhnen versehen. Diese Mitbestimmungspolitik *avant la lettre* hatte zugleich frauenpolitische Ziele, und war damit erfolgreiche feministische Gewerkschaftspraxis.

---

96   Vgl. *Verband der Buch- und Steindruckerei-Hilfsarbeiter und -Arbeiterinnen Deutschlands*, Vorstands- und Rechenschafts-Bericht der letzten Verbands-Periode 1905–1908 [und] Protokoll vom 4. Verbandstag, 17.

97   Vgl. *Verband der Buch- und Steindruckerei-Hilfsarbeiter und -Arbeiterinnen Deutschlands*, Vorstands- und Rechenschafts-Bericht der letzten Verbands-Periode 1905–1908 [und] Protokoll vom 4. Verbandstag, 10.

98   Vgl. *Verband der Buch- und Steindruckerei-Hilfsarbeiter und -Arbeiterinnen Deutschlands*, Vorstands- und Rechenschafts-Bericht der letzten Verbands-Periode 1905–1908 [und] Protokoll vom 4. Verbandstag, 11.

99   Vgl. *Verband der Graphischen Hilfsarbeiter und -Arbeiterinnen Deutschlands*, Rechenschaftsbericht über 1922, 6, Zitat ebenda.

3. Kampf der Gesindeordnung! –
Luise Kähler (1869–1955)
und Johanna Tesch (1875–1945)

Mit ganz anderen Hindernissen im Streben nach guten Arbeitsbedingungen hatten die Frauen zu kämpfen, die ihr Geld mit haushaltsnahen Dienstleistungen verdienten. Für einen beträchtlichen Teil der Lohnabhängigen im Kaiserreich galt eine der 44 „Gesindeordnungen", etwa für Landarbeiter, aber eben auch für Hausangestellte. Lange bevor im Zuge der Novemberrevolution diese postfeudalen Regelwerke auf den Müllhaufen der Geschichte befördert wurden, führten insbesondere die gewerkschaftlich organisierten Hausangestellten einen entschiedenen Kampf gegen sie. Die Aufhebung der Gesindeordnungen eröffnete der Gewerkschaft der Hausangestellten endlich die Möglichkeit zur direkten Mitbestimmung:

> „Und dann kam der große Tag. Am 12. November 1918 setzten die Volksbeauftragten die Gesindeordnung außer Kraft. Mit einem Federstrich war vernichtet, was Jahrhunderte uns auferlegt. Jedem arbeitenden Menschen war zugesichert, politisch freier Mensch zu sein. Wir werden diesen großen Moment nicht vergessen und werden alles daran setzen, um stärker als jemals vorwärtszukommen"[100]

Luise Kähler ist die wohl wichtigste Pionierin im Kampf der Hausangestellten um Mitbestimmungsrechte und würdige Arbeitsbedingungen. Im Nationalsozialismus diente ihre Wohnung als konspirativer Treffpunkt von Gewerkschafter*innen, und später ehrte die Sozialistische Einheitspartei Deutschlands (SED) sie – bis zu ihrem Tod am 22. September 1955 – wiederholt als Gewerkschafterin der ersten Stunde.[101]

Luise Kähler wurde als Luise (genannt Lieschen) Girnth am 12. Januar 1869 in Berlin geboren, ihr Vater war Droschkenkutscher. Zum Beruf ihrer Mutter liegen keine Angaben vor. Beide Eltern waren aus Schlesien nach Berlin gezogen, der Vater kam aus Grünberg (Zielona Góra), die Mutter aus Glogau (Głogów).[102] In den sieben Jahren Volksschule lernte Luise schnell und erledigte zu Hause bald Schreibarbeiten, die im Zusammenhang mit der An- und Abmeldung von Schlafburschen anfielen. Mit 15 Jahren trat sie ihre erste Stelle als

---

100 *Zentralverband der Hausangestellten Deutschlands*, Tätigkeits- und Kassenbericht der Hauptverwaltung 1912–1918, 15 f.

101 Vgl. *Zimmermann* in: Mielke (Hrsg.): Gewerkschafterinnen im NS-Staat (Band 1), 199, 202.

102 Vgl. Lebenserinnerungen Luise Kähler (12.1.1869–22.9.1955), BA SgY 30/0444, 1.

Hausangestellte an, und zwar als Kindermädchen im „Kaiserlichen Marstall" in Berlin. Diese Stellung übte Luise Kähler vom 1. Mai 1884 bis zum 15. November 1885 aus. Direkt im Anschluss ging sie „als Mädchen für alles" für weitere zweieinhalb Jahre „in Stellung"[103]. Letztere beendete sie, um das Schneiderhandwerk zu erlernen.

In einer ihrer „Nähstellen" bekam sie nach eigener Aussage prompt den Beinamen „die rote Luise"[104] verpasst, weil sie sich gegen Missstände auflehnte. Ihre Mutter war bereits verstorben, als Luise dreizehn Jahre alt war, der Vater folgte im Jahr 1889. Daraufhin zog Luise Kähler nach Hamburg und arbeitete wiederum als Hausangestellte. Als mit Ausbruch der Cholera in Hamburg 1892 die Arbeitsgelegenheiten knapp wurden, heuerte sie als Stewardess auf einem Übersee-Handelsschiff an. In insgesamt vier jeweils mehrmonatigen Fahrten hatte sie die Gelegenheit zu Landgängen, unter anderem in Port Said, Hongkong, Singapur und Japan. Sie genoss es, etwas von der Welt zu sehen.[105]

Als Ehepartner suchte sie sich 1895 bewusst einen Sozialdemokraten aus. Zusammen traten sie am 16. Februar 1902 nach einer Veranstaltung mit Luise Zietz nun auch formal der Partei bei. Sie brachte sich aktiv in die Parteiarbeit ein und, „wenn die Frauen sich durch Streik verbessern wollten"[106], half sie auch bei den Gewerkschaften aus.

Helene Grünberg aus Nürnberg war eine der allerersten Frauen, die hauptamtliche Gewerkschaftsangestellte wurde. Als sie auf der sozialdemokratischen Frauenkonferenz in Mannheim 1906 dazu aufrief, die Hausangestellten zu organisieren, ging Luise Kähler ans Werk. Auf verschiedenen Tanzvergnügungen suchte sie junge Hausangestellte in ihrer Freizeit auf. So konnte am 20. November 1906 die Gründung des *Vereins der Dienstmädchen, Wasch- und Scheuerfrauen* in Hamburg mit gleich 500 Frauen erfolgreich durchgeführt werden. Luise Kähler wurde Vorsitzende im Ehrenamt. Zum Arbeitsprogramm gehörte von Beginn an der Kampf gegen die Gesindeordnung.[107]

Die Frauengewerkschaft wurde 1908 an das Hamburger „Gewerkschaftskartell" angeschlossen und Luise Kähler war bis 1913 die einzige Frau im Vor-

---

103 Lebenserinnerungen Luise Kähler (12.1.1869–22.9.1955), BA SgY 30/0444, 1–2.

104 Lebenserinnerungen Luise Kähler (12.1.1869–22.9.1955), BA SgY 30/0444, 1–2.

105 Vgl. Lebenserinnerungen Luise Kähler (12.1.1869–22.9.1955), BA SgY 30/0444, 4.

106 Lebenserinnerungen Luise Kähler (12.1.1869–22.9.1955), BA SgY 30/0444, 5–6.

107 Vgl. Lebenserinnerungen Luise Kähler (12.1.1869–22.9.1955), BA SgY 30/0444, 6–7. *Zimmermann* in: Mielke (Hrsg.): Gewerkschafterinnen im NS-Staat (Band 1), 199 spricht von 480 Frauen als Gründungsmitgliedern. Der Kampf gegen die Gesindeordnung war ein zentrales Feld und gehörte zum Selbstverständnis der Gewerkschaft. Vgl. beispielhaft *Verband der Hausangestellten*, Protokoll des ersten Verbandstages des Zentralverbandes der Hausangestellten Deutschlands 46, 61 und weitere.

stand dieses lokalen Gewerkschaftszusammenschlusses.[108] Anfang 1909 erfolgte die Gründung des nun reichsweiten *Zentralverbands der Hausangestellten Deutschlands* (ZdH) mit 5.711 Mitgliedern und Sitz in Berlin. [109] Dieser Verband gilt als die erste zentrale und reichsweite „Frauengewerkschaft".[110] Die Berlinerin Ida Baar wurde Vorsitzende, Luise Kähler stand dem höchsten Gremium vor, dem Gewerkschaftsausschuss, der in Hamburg angesiedelt war. Die Kassengeschäfte wurden von Gertrud Hanna in ihrer Funktion als Arbeiterinnensekretärin der Generalkommission miterledigt.[111] Zusätzlich zur eigenen Verbandszeitschrift wurde die *Gleichheit* kostenlos an die Mitglieder verteilt.[112] 1913 übernahm Kähler schließlich den Vorsitz des Verbandes.[113]

Abbildung 7: Luise Kähler (1929)

---

108 Lebenserinnerungen Luise Kähler (12.1.1869–22.9.1955), BA SgY 30/0444, 7.

109 Lebenserinnerungen Luise Kähler (12.1.1869–22.9.1955), BA SgY 30/0444, 8. Zu den genaueren Umständen siehe *Zimmermann* in: Mielke (Hrsg.): Gewerkschafterinnen im NS-Staat (Band 1), 199, 200.

110 *Zimmermann* in: Mielke (Hrsg.): Gewerkschafterinnen im NS-Staat (Band 1), 199, 200. Allerdings wurde auf dem ersten Verbandstag zum Beispiel der Bezirk Breslau und Danzig von einem männlichen Delegierten vertreten: *Verband der Hausangestellten*, Protokoll des ersten Verbandstages des Zentralverbandes der Hausangestellten Deutschlands, Präsenzliste, o. S. (≙ 4).

111 Vgl. Lebenserinnerungen Luise Kähler (12.1.1869–22.9.1955), BA SgY 30/0444, 8. Gertrud Hanna war ab dem 1.3.1909 die Leiterin des Arbeiterinnensekretariat der Gewerkschaften und übernahm in Laufe dieser Tätigkeit bald auch die Kasse des ZdH, siehe *Unbekannter Autor [d.i. Gertrud Hanna]*, in: Generalkommission der Gewerkschaften Deutschlands (Hrsg.), Rechenschaftsbericht der Generalkommission vom 1. Juni 1908 bis 31. Mai 1911, 64, 69. Diese Aufgabe erfüllte sie bis zum März 1917, vgl. *ADGB*, Protokoll der Verhandlungen des zehnten Kongresses der Gewerkschaften Deutschlands, 166.

112 Vgl. Lebenserinnerungen Luise Kähler (12.1.1869–22.9.1955), BA SgY 30/0444, 8.

113 Vgl. Lebenserinnerungen Luise Kähler (12.1.1869–22.9.1955), BA SgY 30/0444, 9. Ergänzend dazu *Zimmermann* in: Mielke (Hrsg.): Gewerkschafterinnen im NS-Staat (Band 1), 199, 200 f.

Schon am 4. Februar 1910 hatte sie den ersten Tarifvertrag unterschreiben können, nämlich für 25 „Reinemachfrauen",[114] die bei einer der bekanntesten Genossenschaften Hamburgs, der „Produktion", angestellt waren.[115] Noch vor diesem Erfolg hatte der Verein in Hamburg (und später der Zentralverband) eine Rechtsauskunft eingerichtet und Prozesse für seine Mitglieder im Bereich des Arbeitsrechts geführt.[116]

Die Frauen des ZdH stellten sich mit diesen Aktivitäten einer der schwierigsten Aufgaben, vor denen die Gewerkschaften des Kaiserreiches standen. Die über eine Million Dienstmädchen waren ein junges Klientel und meist im Alter zwischen 16 und 18 Jahren vom Land in die Stadt gewandert. Oftmals hatten sie noch keine politischen oder gewerkschaftlichen Erfahrungen, auch nicht aus zweiter Hand. Die Fluktuation war beträchtlich und die Mädchen, die bei ihren Arbeitgebern wohnten und nur einmal die Woche Freizeit hatten, waren schwer zu erreichen. [117]

Trotz dieser schwierigen Ausgangslage hatten Luise Kähler, Helene Grünberg, Ida Baar und ihre Kolleginnen einige Erfolge vorzuweisen. Nach einer Initiative des ZdH beschloss der Reichstag während des Ersten Weltkrieges eine deutlich verbesserte Unterstützung für werdende Mütter.[118] Im Januar 1916 erfolgte durch den Verband eine Eingabe an den preußischen Landtag, endlich die Gesindeordnung für Hausangestellte aufzuheben. Illustriert wurde dieses Verlangen durch plastische Schilderungen von grausamen Misshandlungen junger Dienstmädchen, die durch das in der Gesindeordnung enthaltene „Züchtigungsrecht" begünstigt wurden.[119]

Nachdem die Voraussetzungen dafür geschaffen waren, wurde Luise Kähler selbst im parlamentarischen Raum aktiv. Auf ein Mandat in der Verfassunggebenden Preußischen Nationalversammlung folgte ein Sitz im Preußischen Landtag, den sie bis 1932 innehatte. Sie war dort Mitglied im Ältestenrat, im Fraktionsvorstand der SPD und im sozialpolitischen Ausschuss – und Parlamentskollegin von Gertrud Hanna. Eine aussichtsreiche Nominierung für den Reichstag lehnte Luise Kähler ab und zog es vor, ihre Kapazitäten für die Ge-

---

114 *Zimmermann* in: Mielke (Hrsg.): Gewerkschafterinnen im NS-Staat (Band 1), 199, 200.

115 Der Konsum-, Bau- und Sparverein „Produktion" war als Selbsthilfe der Streikenden im großen Hamburger Hafenarbeiterstreik 1896/97 gegründet worden und seither stark expandiert.

116 Vgl. *Verband der Hausangestellten*, Protokoll des ersten Verbandstages des Zentralverbandes der Hausangestellten Deutschlands, 46 f.

117 Eine Charakterisierung dieser Lage gibt uns Helene Grünberg, siehe *Verband der Hausangestellten*, Protokoll des ersten Verbandstages des Zentralverbandes der Hausangestellten Deutschlands, 70–72.

118 Vgl. Lebenserinnerungen Luise Kähler (12.1.1869–22.9.1955), BA SgY 30/0444, 11.

119 Vgl. *Zentralverband der Hausangestellten Deutschlands*, Tätigkeits- und Kassenbericht der Hauptverwaltung 1912–1918, 9–12.

werkschaftsarbeit einzusetzen.[120] Parallel versuchte der ZdH – in den neuen Verhältnissen zunehmend ungeduldig – durch immer neue Eingaben und Forderungen, auch an das Reichsarbeitsamt, eine verbesserte Rechtsordnung für die Hausangestellten zu erreichen.[121] In Berlin und einigen anderen Orten besetzte der ZdH erfolgreich Schlichtungsstellen mit seinen Mitgliedern.[122]

Abbildung 8: Vorschläge zum Hausangestelltenrecht von Luise Kähler (1920). Dieses Dokument ist innerhalb der Gewerkschaften über 100 Jahre lang von Archiv zu Archiv weitergewandert und befindet sich heute im ver.di-Archiv, Kiste „Hausangestellte". Diese Vorschläge erschienen im Dezember 1920 auch in der Verbandszeitschrift des ZdH, dem „Zentralorgan der Hausangestellten Deutschlands", und wurden in den vorhergehenden Ausgaben ausgiebig diskutiert.

---

120 Vgl. Lebenserinnerungen Luise Kähler (12.1.1869–22.9.1955), BA SgY 30/0444, 12.

121 Vgl. *Zentralverband der Hausangestellten Deutschlands*, Tätigkeits- und Kassenbericht der Hauptverwaltung 1912–1918, 16–18 mit Abdruck der Eingaben.

122 Vgl. *Zentralverband der Hausangestellten Deutschlands*, Protokoll des zweiten Verbandstages, 57.

Als einzige weibliche Delegierte der freien Gewerkschaften war Luise Kähler außerdem Mitglied des *Vorläufigen Reichswirtschaftsrates* (VRWR).[123] In der Weimarer Verfassung war diesem Gremium zunächst eine wichtige Rolle zur Demokratisierung der Wirtschaft zugedacht – eine Rolle, die er de facto niemals ausübte. Trotzdem bestand der Rat bis zum 31. März 1934.[124] Der berühmte § 165 der Weimarer Verfassung – wesentlich von Hugo Sinzheimer beeinflusst[125] – legte dazu die Grundlage. Darin hieß es unter anderem, der Reichswirtschaftsrat solle „sozialpolitische und wirtschaftspolitische Gesetzentwürfe" der Reichsregierung vor Beschluss begutachten und habe selbst das Recht, entsprechende Gesetzvorlagen in den Reichstag einzubringen.[126]

Berufsständische Vertretungen und Fachvereine waren berechtigt, Mitglieder in den Rat zu entsenden – insgesamt 326 Delegierte, die in Ausschüssen arbeiteten. In der Praxis nahm der VRWR dann überwiegend gutachterliche Tätigkeiten für wirtschafts- und sozialpolitische Gesetzesvorhaben des Reichstags wahr.[127] In diesem Rahmen bereitete Luise Kähler 1920 umfangreiche Vorschläge zur Verbesserung des Hausangestelltenrechts für das Reichsarbeitsmi-

---

123 Vgl. Lebenserinnerungen Luise Kähler (12.1.1869–22.9.1955), BA SgY 30/0444, 12. Eine hilfreiche Geschichte des VRWR stammt von Fritz Tarnow. Vgl. *Tarnow*, in: *Gewerkschaftliche Monatshefte* 10/1951.

124 *Friedrich*, Invenio 2009.

125 Vgl. dazu ein Gespräch zwischen Otto Kahn-Freund und Wolfgang Luthardt: *Kahn-Freund*, Kritische Justiz 1981 (2), 183, hier 190.

126 Wörtlich heißt es in Artikel 165 der WRV: „(3) Die Bezirksarbeiterräte und der Reichsarbeiterrat treten zur Erfüllung der gesamten wirtschaftlichen Aufgaben und zur Mitwirkung bei der Ausführung der Sozialisierungsgesetze mit den Vertretungen der Unternehmer und sonst beteiligter Volkskreise zu Bezirkswirtschaftsräten und zu einem Reichswirtschaftsrat zusammen. Die Bezirkswirtschaftsräte und der Reichswirtschaftsrat sind so zu gestalten, daß alle wichtigen Berufsgruppen entsprechend ihrer wirtschaftlichen und sozialen Bedeutung darin vertreten sind.
(4) Sozialpolitische und wirtschaftspolitische Gesetzentwürfe von grundlegender Bedeutung sollen von der Reichsregierung vor ihrer Einbringung dem Reichswirtschaftsrat zur Begutachtung vorgelegt werden. Der Reichswirtschaftsrat hat das Recht, selbst solche Gesetzesvorlagen zu beantragen. Stimmt ihnen die Reichsregierung nicht zu, so hat sie trotzdem die Vorlage unter Darlegung ihres Standpunkts beim Reichstag einzubringen. Der Reichswirtschaftsrat kann die Vorlage durch eines seiner Mitglieder im Reichstag vertreten lassen.
(5) Den Arbeiter- und Wirtschaftsräten können auf den ihnen überwiesenen Gebieten Kontroll- und Verwaltungsbefugnisse übertragen werden."

127 *Friedrich*, Invenio 2009, präzisiert: „Durch Verordnung des Reichspräsidenten vom 4. Mai 1920 als Organ der Reichsregierung zur Begutachtung sozial- und wirtschaftspolitischer Gesetzentwürfe von grundlegender Bedeutung vor deren Einbringung im Reichstag gegründet; gedacht als Übergangslösung bis zur Schaffung des in Artikel 165 der Weimarer Verfassung vorgesehenen endgültigen Reichswirtschaftsrats; bestand aus 326 zunächst in zehn Berufs- und Vertretergruppen zusammengefasst, von berufsständischen Interessenvertretungen und Fachverbänden, der Reichsregierung und dem Reichsrat ernannten Mitgliedern; aufgrund von Interessenkonflikten zwischen Unternehmer- und Arbeitnehmervertretern spätere Gliederung in drei Abteilungen: Unternehmer, Arbeitnehmer, nichtgewerbliche Vertreter; Einfluss der gutachterlichen Tätigkeit im Rahmen der Vollversammlung und der drei großen Hauptausschüsse (Wirtschaftspolitischer Ausschuss, Sozialpolitischer Ausschuss, Finanzpolitischer Ausschuss) auf wirtschafts- und sozialpolitische Entscheidungen des Parlaments blieb begrenzt; zum 31. März 1934 aufgelöst."

nisterium vor und begleitete den anschließenden Gesetzgebungsprozess als Gutachterin.[128]

In den Kampf für eine Verbesserung des Hausangestelltenrechts brachte sich eine weitere Pionierin der Mitbestimmung ein: Johanna Tesch. Geboren am 24. März 1875 als Johanna Friederike Carillon, gründete sie 1906 – parallel zu Luise Kählers Initiative in Hamburg – die Frankfurter Ortsgruppe des späteren *Zentralverbands der Hausangestellten Deutschlands.* Sie trat 1909 in die SPD ein, wurde 1919 in die Nationalversammlung und 1920–1924 in den Reichstag gewählt. Die Frankfurterin lernte den profilierten gewerkschaftsnahen Arbeitsrechtler Hugo Sinzheimer, ebenfalls Mitglied des Reichstags und wie Tesch aus Frankfurt, näher kennen, als sie sich wiederholt im Zug zwischen Frankfurt und Weimar bzw. Berlin begegneten. Teilweise vergingen so mehrere Stunden im gemeinsamen Gespräch.[129]

Abbildung 9: Johanna Tesch (1919)

Als Abgeordnete für den Wahlkreis Hessen-Nassau war Tesch Mitglied des Reichstags und forderte am 5. Mai 1923 vehement die lang ausstehende gesetzliche Regelung der Arbeitsverhältnisse der Hausangestellten ein. Sie warf der

---

128 Vgl. *Zimmermann* in: Mielke (Hrsg.): Gewerkschafterinnen im NS-Staat (Band 1), 199, 201.
129 Vgl. *Tesch*, Der Deiwel soll die ganze Politik holen, insbesondere 30.

Regierung Untätigkeit vor und verwies auf die wiederholten Beschlüsse, die auf Drängen der SPD zustande gekommen waren. Eine Entschließung aus dem Februar 1921, die die Regierung zu einer „Notgesetzgebung" in dieser Sache verpflichtete, wurde zum Beispiel erst viele Monate später an den Vorläufigen Reichswirtschaftsrat überwiesen.[130]

Die Regierungsvorlage (vermutlich von Luise Kähler mitgestaltet, s.o. II.3.) wurde unter ungünstigen Mehrheitsverhältnissen im sozialpolitischen Ausschuss des VRWR jedoch weiter verwässert. Hier schlug sich Luise Kähler mit verschiedenen Vertreter*innen der übermächtigen Hausfrauenverbände (= Arbeitgeber) herum.[131] Als Tesch 1923 im Reichstag klar gegen den Entwurf Stellung bezog, spielte sie sich mit Kähler die Bälle zu. Den Hausfrauenverbänden warf Tesch vor, eine eigentlich erreichte Einigung mit den Organisationen der Hausangestellten auf 13 Stunden tägliche Arbeitsbereitschaft (inkl. zwei Stunden Pause) durch die Hintertür wieder ausheben zu wollen. Tesch plädierte für den 10-Stunden-Tag und eine geregelte Ausbildung in Fachschulen. Mit dem Verweis auf die anhaltend schlechten Arbeitsbedingungen erklärte sie zugleich die von den Bürgerlichen beklagten Abwanderungen von Hausangestellten in die Industrie für selbstverschuldet.[132] Das geplante und vielfach eingeforderte Hausangestelltengesetz wurde in der gesamten Weimarer Republik immer wieder diskutiert, aber niemals beschlossen.[133]

Gegen Ende der Weimarer Republik gab es Überlegungen (unter anderem von Carl Goerdeler), den VRWR zu einer zweiten Kammer des parlamentarischen Systems auszubauen.[134] Gleichzeitig diente der Rat als unverbindliche Schlichtungsstelle für Streitigkeiten im Arbeitsleben, die auch regelmäßig in Anspruch genommen wurde.[135] Es ist wahrscheinlich, dass sich bei entsprechender Recherche weitere Informationen auch über die Tätigkeit Kählers im

---

130 Vgl. Reichstagsprotokolle, 347. Sitzung, Sonnabend, den 5.5.1923 (= 1920/24,16), 10841–10843, Rede Johanna Tesch.
131 Vgl. *Witkowski*, Archiv für Sozialgeschichte 54/2014, 154.
132 Vgl. Reichstagsprotokolle, 347. Sitzung, Sonnabend, den 5.5.1923 (= 1920/24,16), 10841–10843, Rede Johanna Tesch.
133 Vgl. *Witkowski*, Archiv für Sozialgeschichte 54/2014, 156.
134 Vgl. *Lila* in: Zukunft braucht Erinnerung 2.6.2007.
135 Für ein Beispiel aus dieser alltäglichen Schlichtungsarbeit (hier in der Streitsache zwischen dem Bezirksbetriebsrat der Oberpostdirektion Dortmund und der Oberpostdirektion Dortmund um die Erstattung von Kosten der Betriebsratsarbeit) vgl. die entsprechende Korrespondenz aus den Jahren 1924/25 in BA, R 4701/10732, ohne Paginierung.

VRWR gewinnen lassen.[136] Den Erinnerungen Kählers ist immerhin zu entnehmen, dass sie das kostenlose 1. Klasse-Ticket für Bahnreisen, das ihr als Rats-Mitglied zustand, für die Entlastung der gewerkschaftlichen Reisekasse nutzte.[137]

Es muss im Zusammenhang mit den Pionierinnen der Mitbestimmung nochmals hervorgehoben werden, dass Kähler sich nicht nur im parlamentarischen und politischen Raum (Kampf gegen die Gesindeordnung, VRWR- und Landtagsmitgliedschaft) für die Verbesserungen der Arbeitsbedingungen einsetzte. Ab 1913 war sie als Vorsitzende ihrer Gewerkschaft vielmehr auch diejenige, die Tarifverträge reichsweit verhandelte und unterschrieb. Bezeichnenderweise ist dieser alltägliche Teil ihrer Tätigkeit in ihren autobiografischen Erinnerungen kaum präsent. Die einzige Erwähnung ist beiläufig und eher zufälliger Natur und bezieht sich auf einen Tarifabschluss in Karlsruhe Ende 1931.[138] Luise Kähler stand jedoch seit ihrem ersten Abschluss dieser Art am 4. Februar 1910 (s.o. II.3.) mindestens 21 Jahre lang in einem der wichtigsten Bereiche der Mitbestimmung in vorderster Front, nämlich dem Tarifwesen. Im Kampf für die Organisierung der unterschiedlichen Hausangestellten, eine aufgrund ihrer Arbeits- und Lebensbedingungen äußerst schwer zu organisierende Klientel, erreichten Kähler und ihre Genossinnen beachtenswerte Fortschritte. Mit der Gesindeordnung fiel auch das Züchtigungsrecht der Arbeitgeber weg; der Weg für mitbestimmte Arbeitsbedingungen wurde erheblich vereinfacht und vielfach genutzt.

---

136 Im Bundesarchiv liegen 1682 Akteneinheiten zu seiner Tätigkeit. Darunter befinden sich 45 Akteneinheiten zum Sozialversicherungswesen und derer 147 zum Bereich „Löhne, Tarife, Arbeitszeit, Arbeitsschutz und Arbeitsbeschaffung 1919–1933". Vgl. hinsichtlich der Entwicklung der Mitbestimmung außerdem die vielversprechenden Aktengruppen zur „Gewerbeordnung und andere wirtschaftliche Rechtsnormen 1920–1932" (56 Akteneinheiten) und zum Arbeitsrecht in der Weimarer Republik (39 Stück). Vgl. auch die inhaltliche Charakterisierung des Bestandes R. 401 Vorläufiger Reichswirtschaftsrat im Bundesarchiv.

137 Vgl. Lebenserinnerungen Luise Kähler (12.1.1869–22.9.1955), BA SgY 30/0444, 12.

138 Vgl. Lebenserinnerungen Luise Kähler (12.1.1869–22.9.1955), BA SgY 30/0444, 13.

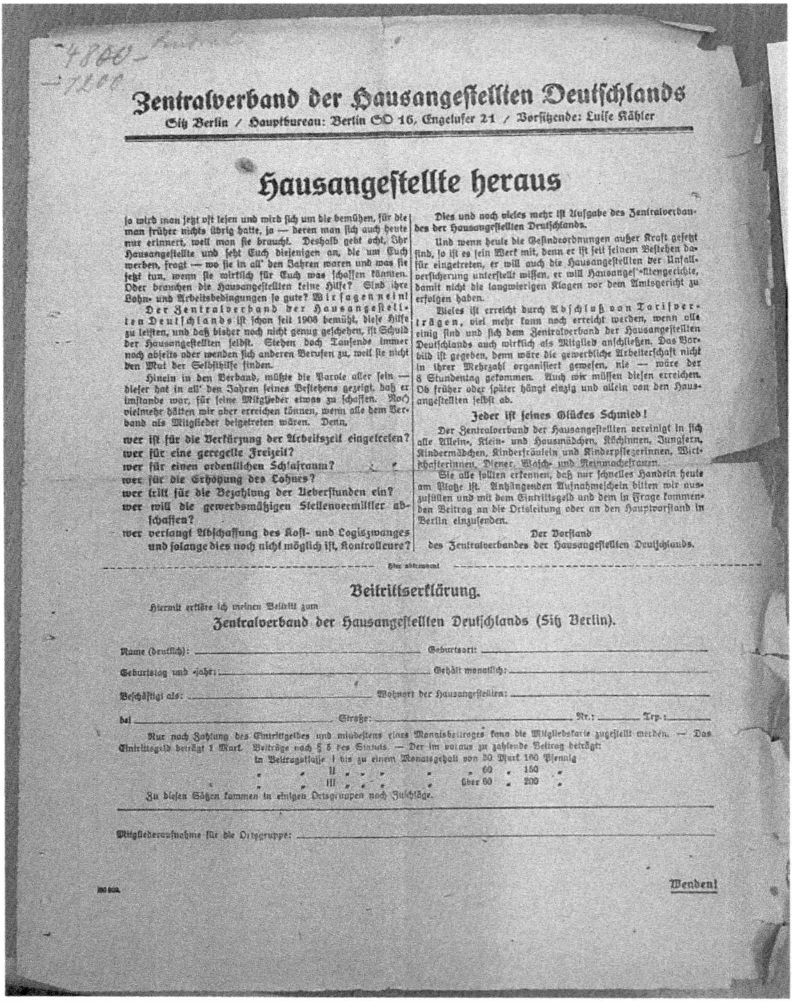

Zentralverband der Hausangestellten Deutschlands
Sitz Berlin / Hauptbureau: Berlin SO 16, Engelufer 21 / Vorsitzende: Luise Kähler

Hausangestellte heraus

so wird man jetzt oft lesen und wird sich um die bemühen, für die man früher nichts übrig hatte, ja — deren man sich auch heute nur erinnert, weil man sie braucht. Deshalb gebt acht, Ihr Hausangestellte und seht Euch diejenigen an, die um Euch werben, fragt — wo sie in all' den Jahren waren und was sie jetzt tun, wenn sie wirklich für Euch was schaffen könnten. Oder brauchen die Hausangestellten keine Hilfe? Sind ihre Lohn- und Arbeitsbedingungen so gute? Wir sagen nein!

Der Zentralverband der Hausangestellten Deutschlands ist schon seit 1906 bemüht, diese Hilfe zu leisten, und daß bisher noch nicht genug geschehen, ist Schuld der Hausangestellten selbst. Stehen doch Tausende immer noch abseits oder wenden sich anderen Berufen zu, weil sie nicht den Mut der Selbsthilfe finden.

Hinein in den Verband, müßte die Parole aller sein — dieser hat in all' den Jahren seines Bestehens gezeigt, daß er imstande war, für seine Mitglieder etwas zu schaffen. Noch vielmehr hätten wir aber erreichen können, wenn alle dem Verband als Mitglieder beigetreten wären. Denn,

wer ist für die Verkürzung der Arbeitszeit eingetreten?
wer für eine geregelte Freizeit?
wer für einen ordentlichen Schlafraum?
wer für die Erhöhung des Lohnes?
wer tritt für die Bezahlung der Ueberstunden ein?
wer will die gewerbsmäßigen Stellenvermittler abschaffen?
wer verlangt Abschaffung des Kost- und Logiszwanges und solange dies noch nicht möglich ist, Kontrolleure?

Dies und noch vieles mehr ist Aufgabe des Zentralverbandes der Hausangestellten Deutschlands.

Und wenn heute die Gesindeordnungen außer Kraft gesetzt sind, so ist es sein Werk mit, denn er ist seit seinem Bestehen dafür eingetreten, er will auch die Hausangestellten der Unfallversicherung unterstellt wissen, er will Hausangestelltengerichte, damit nicht die langwierigen Klagen vor dem Amtsgericht zu erfolgen haben.

Vieles ist erreicht durch Abschluß von Tarifverträgen, viel mehr kann noch erreicht werden, wenn alle einig sind und sich dem Zentralverband der Hausangestellten Deutschlands auch wirklich als Mitglied anschließen. Das Vorbild ist gegeben, denn wäre die gewerbliche Arbeiterschaft nicht in ihrer Mehrzahl organisiert gewesen, nie — wäre der 8 Stundentag gekommen. Auch wir müssen diesen erreichen. Ob früher oder später hängt einzig und allein von den Hausangestellten selbst ab.

Jeder ist seines Glückes Schmied!

Der Zentralverband der Hausangestellten vereinigt in sich alle Allein-, Klein- und Hausmädchen, Köchinnen, Jungfern, Kindermädchen, Kinderfräulein und Kinderpflegerinnen, Wirtschafterinnen, Diener, Wasch- und Reinmachefrauen.

Sie alle sollten erkennen, daß nur schnelles Handeln heute am Platze ist. Anhängenden Aufnahmeschein bitten wir auszufüllen und mit dem Eintrittsgeld und dem in Frage kommenden Beitrag an die Ortsleitung oder an den Hauptvorstand in Berlin einzusenden.

Der Vorstand
des Zentralverbandes der Hausangestellten Deutschlands.

Hier abtrennen!

Beitrittserklärung.

Hiermit erkläre ich meinen Beitritt zum
Zentralverband der Hausangestellten Deutschlands (Sitz Berlin).

Name (deutlich): ______ Geburtsort: ______
Geburtstag und -jahr: ______ Gehalt monatlich: ______
Beschäftigt als: ______ Wohnort der Hausangestellten: ______
bei ______ Straße: ______ Nr.: ______ Trp.: ______

Nur nach Zahlung des Eintrittgeldes und mindestens eines Monatsbeitrages kann die Mitgliedskarte zugestellt werden. — Das Eintrittsgeld beträgt 1 Mark. Beiträge nach § 5 des Statuts. — Der im voraus zu zahlende Beitrag beträgt:
in Beitragsklasse I bis zu einem Monatsgehalt von 30 Mark 100 Pfennig
" " II " " " " 60 " 150 "
" " III " " " " über 60 " 200 "
Zu diesen Sätzen kommen in einigen Ortsgruppen noch Zuschläge.

Mitgliederaufnahme für die Ortsgruppe: ______

Wenden!

Abbildung 10: Undatiertes Flugblatt des Zentralverbands der Hausangestellten (verm. 1920). Hier werden Aufgaben (zum Beispiel Achtstundentag auch für Hausangestellte) und Erfolge (Tarifverträge und Abschaffung der Gesindeordnung) des Verbandes genannt und zum Beitritt aufgefordert.

III. Um das Recht auf Mitbestimmung in der neuen Republik

Nachdem durch Revolution und Gründung der Weimarer Republik die Rahmenbedingungen für Gewerkschafts- und Betriebspolitik grundlegend verbessert worden waren, hatten Arbeiterinnen mehr Möglichkeiten und Wege, ihre Interessen zu vertreten. Auf den vorhergehenden Seiten ist deutlich geworden, dass es eine beträchtliche Anzahl von erfahrenen und selbstbewussten Frauen gab, die mit Sicherheit auf diese Möglichkeiten zurückgreifen würden. Doch das sollte nicht darüber hinwegtäuschen, dass erhebliche weitere Anstrengungen nötig waren, um das in den rechtlichen Möglichkeiten enthaltene Potenzial weiblicher Mitbestimmung flächendeckend zu heben. Einen Beitrag dazu leistete eine weitere Pionierin der Mitbestimmung: Johanne Reitze aus Hamburg.

1. Frauen in die Betriebsräte! – Johanne Reitze (1878–1949)

Johanne Reitze wurde am 16. Januar 1878 in Hamburg als Johanne Caroline Agnes Leopolt geboren. Ihr Vater war Zigarrenarbeiter.[139] Nach ihrem Volksschulabschluss 1892 war sie bis Ende des Jahres 1894 als Hausangestellte und Dienstmädchen tätig.[140] Im Anschluss daran lernte sie „Anlegerin", wurde also – ebenso wie Gertrud Hanna und Paula Thiede – Hilfsarbeiterin an einer Buchdruckschnellpresse. Die Hamburger Zahlstelle des *Verbands der Buch- und Steindruckerei-Hilfsarbeiter und -Arbeiterinnen Deutschlands* (VBHi) bzw. ihr Vorläuferverein leistete seit 1890 kontinuierliche Arbeit und hatte bald eine dreistellige Mitgliederzahl, allerdings wie in den meisten Fällen mit hoher Fluktuation.[141] Zwar tritt Johanne Reitze (geb. Leopolt) in den überregionalen Verbandspublikationen nicht in Erscheinung,[142] doch es ist sehr wahrschein-

---

139 Vgl. die Geburtsurkunde von Johanne Reitze, Staatsarchiv Hamburg, Best. 332-5 Nr. 1916, Urkunde Nr. 306 (via ancestry.de).

140 Vgl. die Porträts von Johanne Reitze, in: Reichstags-Handbuch, Bd. VI: Wahlperiode 1932, 178 f sowie im Reichstags-Handbuch, I. Wahlperiode 1920, 307. Ihre Tätigkeit als Dienstmädchen wird bestätigt im Vorwort zu Buchhandlung Vorwärts (Hrsg.), Frauenstimmen aus der Nationalversammlung, 9.

141 Vgl. *Verband der Graphischen Hilfsarbeiter und -Arbeiterinnen Deutschlands*, Geschichtlicher Rückblick über die Gründung und Entwicklung der Hamburger Zahlstelle, 1–16 und 20.

142 Sie ist auch nicht in der Geschichte der Hamburger Zahlstelle präsent. Vgl. *Verband der Graphischen Hilfsarbeiter und -Arbeiterinnen Deutschlands*, Geschichtlicher Rückblick über die Gründung und Entwicklung der Hamburger Zahlstelle.

lich, dass sie im Verband ihre ersten Kontakte mit selbstbewussten Frauen hatte, die öffentliche Ämter übernahmen.

Mit 22 Jahren, am 27. Oktober 1900, heiratete sie einen Schriftsetzer namens Johannes Carl Kilian Reitze, Sohn eines Eisendrehers.[143] In einigen Kurzbiografien ist vom „sozialdemokratischen Journalisten Johannes Carl Kilian-Reitze" als ihrem Partner die Rede, doch zum Zeitpunkt der Hochzeit war er laut Heiratsurkunde noch Schriftsetzer. Zum „Parteiredakteur"[144] scheint er erst danach geworden zu sein, zunächst in Bremen und ab 1913 in Hamburg. Mit der Hochzeit gab Reitze ihre bisherige Berufstätigkeit auf.[145]

Reitze selbst wurde 1902 Mitglied der SPD, besuchte zwischen 1904 und 1907 Fortbildungskurse und trat zunehmend öffentlich in Erscheinung.[146] Nach der Novemberrevolution war sie eine der Frauen, die große parlamentarische Erfahrung sammelten: in der Hamburgischen Bürgerschaft, der Nationalversammlung und viele Jahre lang im Reichstag.[147] Aus den Jahren, die auf die Machtübergabe an die Nationalsozialisten folgten, sind kaum Informationen überliefert. Doch 1944 wurde Johanne Reitze von der Geheimen Staatspolizei (Gestapo) in „Schutzhaft" genommen. Sie überlebte das NS-Regime und baute nach dem Zweiten Weltkrieg unter anderem die AWO wieder auf. Sie verstarb nur wenige Jahre nach dem Ende des Nationalsozialismus und der Neugründung der freien Gewerkschaften am 22. Februar 1949 in Hamburg.[148]

---

143 Angaben nach der Heiratsurkunde Reitze, Staatsarchiv Hamburg, Best. 332-5 Nr. 2940, Urkundennummer 909 (via ancestry.de).

144 GESIS (Hrsg.), Sozialdemokratische Parlamentarier in den deutschen Reichs- und Landtagen 1867–1933, Eintrag Johanna [sic] Reitze.

145 Vgl. Reichstags-Handbuch, Bd. VI: Wahlperiode 1932, 178 f. sowie im Reichstags-Handbuch, I. Wahlperiode 1920, 307.

146 Vgl. *Bureau des Reichstags* (Hrsg.), Handbuch der verfassunggebenden deutschen Nationalversammlung Weimar 1919, 239.

147 Vgl. Reichstags-Handbuch, Bd. VI: Wahlperiode 1932, 178 f. sowie im Reichstags-Handbuch, I. Wahlperiode 1920, 307.

148 Vgl. *Bake* in: Datenbank Hamburger Frauenbiografien.

Frau Reitze

Abbildung 11: Johanne Reitze (1920)

Eine ihrer Reden – „Die Sozialdemokratie im Kampfe um die wirtschaftliche und soziale Stellung der Frau" – wurde als Broschüre gedruckt.[149] Außerdem steuerte Reitze zwei Beiträge zum Buch „Frauenstimmen aus der Nationalversammlung" bei. In diesem Band äußerten sich die weiblichen sozialdemokratischen Abgeordneten 1920 gemeinsam und öffentlich zu verschiedenen „Zeitfragen".[150]

Unter dem Titel „Die Frau und die Betriebsräte" schrieb Reitze einen flammenden Appell an die weiblichen Angestellten und Arbeiterinnen, die Möglichkeiten des neuen Betriebsrätegesetzes zu nutzen.[151] Systematisch fächerte sie in diesem Text die Ursprünge, Vorteile und die Funktionsweise des am 4. Februar 1920 beschlossenen Gesetzes auf – mit speziellem Fokus auf die Bedürfnisse von Arbeiterinnen und weiblichen Angestellten. Sie gab ihrer Hoffnung Ausdruck, dass „Arbeiter und Angestellte beiderlei Geschlechts" künftig nicht nur „mitwirkende, sondern auch mitbestimmende Faktoren im Produktionsprozeß"[152] sein würden. Durch die Beteiligung von Frauen an der Betriebsratsarbeit könne der „notwendige weibliche Einfluß [auf das] Wirtschaftsleben gesichert" und die „Zurücksetzung der Frau hinter den Mann im Arbeitsprozeß" bekämpft werden. Durch den eigenen Einfluss auf Art, Dauer und Entlohnung der Frauenarbeit könnten die Beschäftigungsverhältnisse dahingehend verändert werden, dass – so Reitze in zeitgenössischem Duktus – die „Kraft und Gesundheit der Frau, der Mutter und ihrer Kinder"[153] besser berücksichtigt würden.

Reitze erläuterte die Zusammensetzung der Betriebsräte sowie das zugehörige Wahlrecht und beschrieb die möglichen Tätigkeitsfelder. Sie fokussierte dabei

149   Vgl. *Reitze*, Das Recht der Frau.
150   Buchhandlung Vorwärts (Hrsg.), Frauenstimmen aus der Nationalversammlung.
151   Vgl. *Reitze* in: Buchhandlung Vorwärts (Hrsg.), Frauenstimmen aus der Nationalversammlung, 37.
152   *Reitze* in: Buchhandlung Vorwärts (Hrsg.), Frauenstimmen aus der Nationalversammlung, 37, 37.
153   *Reitze* in: Buchhandlung Vorwärts (Hrsg.), Frauenstimmen aus der Nationalversammlung, 37, 38.

auf die Belange von Frauen: Im Rahmen der Überwachung von Tarifverträgen, Zeit- und Stücklöhnen, sowie Arbeitsschutzvorschriften im Betrieb nannte sie unter anderem „geeignete Arbeitskleidung"[154] ein relevantes Feld für weibliche Beschäftigte. Das war insofern ein wichtiger Hinweis, als dass die Kleidung, die von Frauen üblicherweise getragen wurde, gerade an Maschinen häufig zu schweren Unfällen führte – das war seit Jahrzehnten bekannt.[155] Doch auch die Beteiligung an der (Selbst-)Verwaltung verschiedener „Wohlfahrtseinrichtungen", einschließlich Pensionskassen und Krippen gab Gelegenheit, geschlechterdiskriminierenden Praxen Einhalt zu gebieten – genauso wie es das Mitspracherecht bei Einstellungen und Entlassungen tat. „Dies zur besonderen Beachtung!" wandte sich Reitze an ihre Leserinnen.[156]

Der Text von Johanne Reitze, Abgeordnete der Verfassunggebenden Nationalversammlung – die ab dem 6. Februar 1919 tagte und das erste Parlament war, das durch aktives und passives Wahlrecht von Frauen mitbestimmt wurde –, schloss mit einem optimistischen Appell, aus den neuen Möglichkeiten in der Wirtschaft etwas zu machen:

> „Weibliche Angestellte und Arbeiterinnen!
>
> Nutzt in vollem Umfange die durch das Betriebsrätegesetz gewährten Rechte aus! Denn es sind – Rechte! [...]
>
> Ihr könnt jetzt selbst durch die Betriebsräte die Arbeitsweise Eures Betriebes, die Löhne und Gehälter, Eure Arbeitszeit und Arbeitsart mitbestimmen. Ihr habt durch den Betriebsrat Einfluß auf die Wirtschaftsweise Eures Betriebes.
>
> Das neue Deutschland gibt Euch die Möglichkeit, selbst für die Verbesserung Eurer Lebensbedingungen zu sorgen. [...]
>
> Deshalb nutzt die Rechte, die Euch das Rätegesetz gibt für Euer Wohl, das Wohl Eurer Kinder und des deutschen Volkes!"[157]

Wie Luise Kähler und Johanna Tesch (s.o. II.3.) nahm auch Johanne Reitze fünf Jahre nach dem Beschluss des Betriebsrätegesetzes, im Februar 1925, an einer erneuten Diskussion im Reichstag um das – am Ende nie beschlossene – Hausgehilfengesetz teil. Obwohl mittlerweile erreicht worden war, dass Hausangestell-

---

154   *Reitze* in: Buchhandlung Vorwärts (Hrsg.), Frauenstimmen aus der Nationalversammlung, 37, 39.
155   Vgl. *Zadek*, Sozialistische Monatshefte 1901, 163, 169.
156   *Reitze* in: Buchhandlung Vorwärts (Hrsg.), Frauenstimmen aus der Nationalversammlung, 37, 39.
157   *Reitze* in: Buchhandlung Vorwärts (Hrsg.), Frauenstimmen aus der Nationalversammlung, 37, 40.

te unter die Krankenversicherungspflicht fielen und zumindest in einzelnen Regionen eine Fachschule besuchen durften, blieb weiter vieles im Argen.[158] Reitze machte in ihrer Rede darauf aufmerksam, dass durch den Wegfall der Gesindeordnungen lediglich das BGB als Rechtsgrundlage der Arbeitsverhältnisse im häuslichen Bereich übrig blieb, darin aber „keine Bestimmungen über Arbeitszeit, Pausen und dergleichen festgelegt"[159] waren. Für die Hausangestellten, eine „der größten Berufsgruppen, die heute noch ohne gesetzliches Arbeitsrecht ist", forderte Reitze dringlich eine schnelle Regelung. Diese sei auch nötig, weil die potenziellen Tarifpartner, die „Hausfrauenorganisationen", mit Verweis auf diesen Prozess der Gesetzgebung einen Tarifvertrag verweigerten.

Völlig zu Recht warf sie dem Reichsarbeitsministerium – das zwischen Juni 1920 und Juni 1928 kontinuierlich durch den Zentrumspolitiker Heinrich Brauns geführt wurde – absichtliche Verschleppung dieser Angelegenheit vor. Reitze verwies auf die Tatsache, dass Hausarbeit eben auch Arbeit sei und erklärte, dass die Sozialdemokratie die Bestrebungen, „den Hausangestellten geringere und mindere Rechte als den übrigen Arbeitnehmern einzuräumen" auch weiter „aufs nachdrücklichste bekämpfen"[160] werde.

Ende 1930 hielt Reitze eine weitere kenntnisreiche Rede im Reichstag anlässlich einer Debatte um den Ladenschluss am Weihnachtsabend. Sie machte auf die Arbeitsverhältnisse in den betroffenen Bereichen, dem Verkauf und dem Gast- und Schankwirtsgewerbe, aufmerksam und forderte auch hier eine „reichsgesetzliche Regelung"[161] der zuvor geschilderten unhaltbaren Zustände. Wie für viele andere Pionierinnen war der Einsatz für bessere Arbeitsbedingungen und mehr Mitbestimmung für Johanne Reitze keine begrenzte Phase, sondern ein zentrales Thema ihres Lebens.

2. Luise Zietz (1865–1922) und das Betriebsrätegesetz

Bevor Johanne Reitze ihre Kolleginnen und alle arbeitenden Frauen dazu aufrufen konnte, die Möglichkeiten des Betriebsrätegesetzes auszunutzen, musste dieser Rahmen ausgehandelt bzw. erkämpft werden. In diesem Prozess qualifizierte sich eine weitere Sozialdemokratin als Pionierin der Mitbestimmung: Luise Zietz (1865–1922).

---

158 Vgl. Reichstagsprotokolle, 23. Sitzung, Freitag, 13.2.1925, Beitrag Reitze, 588.
159 Reichstagsprotokolle, 23. Sitzung, Freitag, 13.2.1925, Beitrag Reitze, 599.
160 Reichstagsprotokolle, 23. Sitzung, Freitag, 13.2.1925, Beitrag Reitze, 599 f., Zitat 600.
161 Reichstagsprotokolle, 13. Sitzung, Donnerstag, 11.9.1930, Beitrag Reitze, 542 ff.

Luise Zietz ist heute hauptsächlich als sozialdemokratische Politikerin bekannt, die 1908 als erste Frau in Deutschland in einen Parteivorstand gewählt wurde.[162] Doch die 1865 in Bargteheide in Schleswig-Holstein geborene Zietz war auch in Gewerkschaftsfragen stark engagiert. Mit ihren Reden im Rahmen des großen Hamburger Hafenarbeiterstreiks 1896 begann ihre Bekanntheit als mitreißende Agitatorin – wir erinnern uns: Auch Luise Kähler und ihr Mann wurden 1902 nach einer Rede von Zietz SPD-Mitglieder. Von 1898 bis 1904 war Zietz Vorsitzende des Fabrikarbeiterverbandes in Hamburg-St. Georg und an der Gründung einer Hamburger Dienstboten-Organisation 1906 beteiligt.[163] Sie handelte in ganz unterschiedlichen Feldern als sozialdemokratische Agitatorin, Gewerkschafterin und Pionierin der Mitbestimmung. Inmitten dieses intensiven Handelns erlitt Luise Zietz am 26. Januar 1922 während einer Sitzung im Reichstag einen Schlaganfall und starb am darauffolgenden Tag.[164] Die in großer Armut aufgewachsene Politikerin war der Frage der Arbeit und den Anliegen der Arbeiter*innen Zeit ihres Lebens eng verbunden geblieben. Eindrucksvoll unterstreicht dies ihr Handeln in der Frage der Mitbestimmung durch Betriebsräte. Der oben bereits genannte § 165 der Weimarer Reichsverfassung bestimmte 1919 in seinem zweiten Satz wörtlich:

> „Die Arbeiter und Angestellten erhalten zur Wahrnehmung ihrer sozialen und wirtschaftlichen Interessen gesetzliche Vertretungen in Betriebsarbeiterräten sowie in nach Wirtschaftsgebieten gegliederten Bezirksarbeiterräten und in einem Reichsarbeiterrat."[165]

Diese Verfassungsvorgabe sollte nun mit einem Betriebsrätegesetz umgesetzt werden. Natürlich führten die Vertreter*innen der verschiedenen Lager und Parteien heftige Auseinandersetzungen um dessen Ausgestaltung, denn hier ging es um einen der Kernbereiche der neuen Republik: Wieviel Demokratie und wieviel (gesellschaftliche und betriebliche) Mitbestimmung sollen in der Wirtschaft der ersten deutschen Republik stattfinden?

Luise Zietz hatte sich zu diesem Zeitpunkt von der zunehmend staatstragenden M(ehrheits-) SPD entfernt und saß für die linke U(nabhängige) SPD in der Nationalversammlung bzw. im Reichstag. Nach massiven gesellschaftlichen Auseinandersetzungen in den Parlamenten und auf der Straße stand am 13. Januar 1920 eine Diskussion über den Entwurf zum Betriebsrätegesetz (BRG) in der Nationalversammlung an, die im Berliner Reichstag tagte. Dieses Gesetz sollte den § 165 der Weimarer Reichsverfassung mit Leben füllen.

---

162 Vgl. *Kühne*, „Willst Du arm und unfrei bleiben?", 30 f.
163 Vgl. *Kühne*, „Willst Du arm und unfrei bleiben?", 22.
164 Vgl. *Rose*, Die Unbeugsame: Luise Zietz, FES/AdsD.
165 Art. 165 Abs. 2 WRV.

Vor dem Reichstagsgebäude hatten sich an diesem Tag nach Aufrufen von Berliner Gewerkschaften, der Betriebsrätezentrale, der USPD und der Kommunistischen Partei Deutschlands (KPD) etwa 100.000 Demonstrierende versammelt. Ganze Berliner Belegschaften legten die Arbeit nieder und zogen vor den Reichstag. In den Augen der Protestierenden griffen die vorgesehenen Mitbestimmungsrechte eindeutig zu kurz, als viel zu gering erachteten sie die Einflussmöglichkeiten der Belegschaftsvertreter*innen. Noch war aus der Sicht der Demonstrierenden der Charakter der Republik nicht endgültig entschieden – und die Frage nach der Macht der Betriebsrät*innen war einer der Knackpunkte.

Diese Frage wurde am 13. Januar 1920 bei der zweiten Lesung des Entwurfs zum BRG, für den man mit einer parlamentarischen Mehrheit rechnete, mitverhandelt.[166] Die Betriebsräte wurden darin verpflichtet, für „möglichste Wirtschaftlichkeit der Betriebsleistungen"[167] einzustehen und für Ruhe im Betrieb zu sorgen. Die eigentlichen Mitbestimmungsrechte waren schwach ausgeprägt. Die Demonstration zeigte, wie verbreitet der Wunsch nach weitergehenden Regelungen war und machte den politischen Antagonismus deutlich, der in den Monaten und Jahren nach der Novemberrevolution immer wieder manifest wurde.

Abbildung 12: Die Demonstration vor dem Reichstag am 13. Januar 1920

---

166 Zur Genese des Gesetzes vgl. *Kittner*, AuR 2020, G5–G8.
167 § 66 Nr. 1 BRG.

Mehrere Hundertschaften Sicherheitspolizei waren zur Bewachung des Reichs-tagsgebäudes eingesetzt und mindestens zwei schwere Maschinengewehre in Position gebracht worden. Es kam zu Rangeleien und etlichen Zwischenfällen am westlichen Eingang, dort beruhigte sich die Lage allerdings wieder. Weni-ge Minuten später eröffneten die Sicherheitskräfte am südlichen Eingang je-doch massives Feuer auf die Demonstration, sogar Handgranaten sollen einge-setzt worden sein. Am Ende waren 42 Menschen tot und über 100 schwer ver-letzt. Diese Demonstration für erweiterte Mitbestimmungsrechte ist damit bis zum heutigen Tage die blutigste Demonstration, die es in Deutschland je gege-ben hat.[168]

Bereits als sich die Geschehnisse draußen ankündigten, verließ Luise Zietz mit einem weiteren Kollegen das Plenum, um zu den Demonstrierenden zu spre-chen, letztlich ohne dieses Vorhaben umsetzen zu können. Ihre Beobachtun-gen fanden später Eingang in eine Broschüre, die die Geschehnisse aus Sicht der USPD aufarbeitete.[169]

Die Situation eskalierte nicht nur auf der Straße, auch im Parlament selbst brach Hektik aus. Die MSPD-Abgeordnete Johanna Tesch (s.o. II.3.) schilderte ihre Erlebnisse in einem Brief an ihren Ehemann:

> „Heimann wurde bei seinem Eintritt ins Parlament von einigen Rü-peln beschimpft und von oben bis unten bespuckt. [...] Gerade als der erste Redner über das Betriebsrätegesetz sprach, raunte mir Otto Wels zu, auf der Straße wird geschossen. [...] Ich stürzte nun nach dem Portal, wo sie bereits die ersten Toten und schwer Verwundete herein brachten. Es war ein fürchterlicher Anblick, wie auf einem Schlachtfeld. Die Verwundeten stöhnten, daß es mir noch jetzt in den Ohren gellt. Bis jetzt sind 10 Tote gezählt und vielleicht ebensoviel Schwerverletzte. [...] Im Hause herrschte eine furchtbare Aufregung, überall bildeten sich Gruppen. [...] Als nach einer Pause das das Be-triebsrätegesetz wieder verhandelt werden sollte, machte Geyer, Düwell, Zietz und Laukant einen solchen Krach, daß niemand ein Wort hören konnte. Schließlich ist die Verhandlung auf morgen vor-mittag vertagt."[170]

---

168 Zum detaillierten Verlauf und vielen weiteren Informationen siehe *Weipert* in: JahrBuch für For-schungen zur Geschichte der Arbeiterbewegung 2012, 16.

169 Vgl. *USPD*: Die Wahrheit über das Blutbad vor dem Reichstag, Berlin o. J., 11 f., nach *Weipert* in: Jahr-Buch für Forschungen zur Geschichte der Arbeiterbewegung 2012, 16, 22.

170 *Tesch*, Der Deiwel soll die ganze Politik holen, 86 f.

Am folgenden Tag kam es zu einem hitzigen Schlagabtausch über die Geschehnisse am Tag zuvor. Die Protagonist*innen waren Luise Zietz auf der einen und der preußische Innenminister Wolfgang Heine (vom rechten Flügel der MSPD) auf der anderen Seite. Kern des Streites war es, ob Luise Zietz die Situation tags zuvor hatte deeskalieren wollen oder ob sie – wie Heine und Kollegen behaupteten – die Massen durch eine Rede aufgestachelt hatte. Im Verlaufe dieser Debatte legte Zietz dar, dass sie die Absicht gehabt hatte, zu den Demonstrierenden zu sprechen, von den sich überstürzenden Ereignissen aber daran gehindert worden war. Dem Minister Heine warf sie abschließend vor, dass „die Vorgänge, die sich gestern abgespielt haben, seinen Wünschen entsprachen, und daß er das nächste Mal das Blutbad noch vergrößern will."[171] Zietz handelte sich in der Debatte gleich mehrere Ordnungsrufe ein.

Tags darauf wurde die inhaltliche Debatte über die Bestimmungen des Betriebsrätegesetzes fortgeführt und Luise Zietz stellte zwei Abänderungsanträge zum Wahlverfahren für Betriebsräte. Vermutlich war ihr klar, dass diese von den bürgerlichen Parteien und der MSPD nicht gebilligt werden würden, doch das hielt sie nicht davon ab, ihre Anträge inhaltlich zu begründen. Zietz forderte zuerst eine gemeinsame Wahl der Betriebsräte durch Arbeiter und Angestellte. Der bisherige Vorschlag wolle die beiden Gruppen „künstlich voneinander trennen, nach dem Grundsatz: teile und herrsche".[172] Außerdem versuchte Zietz, einen der zentralen Eckpfeiler des Rätegedankens zu retten, nämlich das imperative Mandat. Dazu führte sie aus:

> „Die Möglichkeit der jederzeitigen Abberufung der Betriebsratsmitglieder durch die Majorität der Betriebsversammlung [...] ist es, die wesentlich dazu beigetragen hat, der Räteidee so schnell und so umfassend Anhänger in den Kreisen der Arbeiter und Beamten zu werben."[173]

Damit griff Zietz einen zentralen Streitpunkt auf, der in den vorangegangenen Monaten der Debatte eine wichtige Rolle gespielt hatte. Denn das Recht einer Betriebsversammlung, „den Betriebsrat jederzeit durch Missbilligungsbeschluss zum Rücktritt zu zwingen" war ursprünglich im Gesetz enthalten gewesen und erst in den Ausschusssitzungen zwischen September und Dezember 1919 kassiert worden. Am 18. Januar 1920 wurde das Gesetz verabschiedet,

---

171 Reichstagsprotokolle/Protokolle der Nationalversammlung, 136. Sitzung, Mittwoch, 14.1.1920, Beitrag Zietz, 4263, 4266.

172 Reichstagsprotokolle/Protokolle der Nationalversammlung, 137. Sitzung, Donnerstag, 15.1.1920, Beitrag Zietz, 4308.

173 Reichstagsprotokolle/Protokolle der Nationalversammlung, 137. Sitzung, Donnerstag, 15.1.1920, Beitrag Zietz, 4309.

ohne die Vorschläge von Zietz zu berücksichtigen, und mit Veröffentlichung im Reichsgesetzblatt am 4. Februar 1920 gültig.[174]

Luise Zietz scheiterte mit ihrer Initiative indes nicht als Frau, sondern als Wortführerin der Unabhängigen Sozialdemokratie, die ihre Positionen in der postrevolutionären Situation nicht gegen das Bündnis aus bürgerlichen Parteien und der alten Sozialdemokratie durchsetzen konnte. Die Sieger von historischen Auseinandersetzungen haben meist entscheidende Vorteile im Ringen um die Deutung der Geschichte. Mit diesem Wissen lässt sich verstehen, warum Luise Zietz heute nicht als Pionierin der Mitbestimmung bekannt ist. Zu den Faktoren Geschlecht und Klasse gesellt sich als wichtiger Einfluss also die Zugehörigkeit zu einer politischen Strömung. Kann diese sich nicht durchsetzen, wie hier bei Luise Zietz, droht das Vergessen.

3. Theorie für den Alltag – Toni Sender (1888–1964)

Wenn von Pionierinnen der Mitbestimmung die Rede ist, darf Toni Sender nicht fehlen. Mit Luise Zietz teilte sie die Auffassung, dass „Frauen in allen politischen Bereichen mitarbeiten sollten."[175] Und diese Überzeugung hat sich im Wirken von Toni Sender spürbar niedergeschlagen. Ihre Lebensgeschichte liest sich streckenweise wie ein Kriminalroman.

Die am 29. November 1888 in der Nähe von Wiesbaden geborene Sidonie Zippora Sender wuchs in einem bürgerlichen jüdischen Elternhaus auf. Sie setzte ihren Wunsch, eine Handelsschule in Frankfurt zu besuchen, bereits als Jugendliche durch. Sie arbeitete als kaufmännische Angestellte für eine Frankfurter Metallhandelsfirma, zwischenzeitlich auch in Paris. Gewerkschaftlich organisiert war sie bereits vor dem Ersten Weltkrieg, später schloss sich ihr Verband dem freigewerkschaftlichen Allgemeinen freien Angestelltenbund (AfA) an. Toni Sender war Frankfurter Stadtverordnete und von 1922–1933 Mitglied des Reichstags, zuerst für die USPD, ab 1924 für die SPD. Am 5. März 1933 flüchtete sie zu Fuß über die Grenze in die Tschechoslowakei und von dort aus weiter nach Paris. Auf einer Vortragsreise durch die USA entschied sie sich 1935, nicht wieder nach Europa zurückzukehren. In den Vereinigten Staaten entfaltete Toni Sender bis zu ihrem Tod 1964 wiederum rege politische Aktivitäten.[176]

---

174 Vgl. *Kittner*, AuR 2020, G8, Zitat ebenda.

175 *Sender*, Autobiographie einer deutschen Rebellin, 16 (Einleitung) und 97 f.

176 Vgl. *Kassel* in: Mielke (Hrsg.), Gewerkschafterinnen im NS-Staat (Band 2), 460, 470–483.

Sender entschied sich bewusst gegen eine Familie und dafür, durch ihr Handeln die „materielle und kulturelle Existenz der Unterprivilegierten"[177] zu verbessern. Etliche Jahre führte sie mit dem Metallgewerkschaftsfunktionär Robert Dißmann eine Beziehung.[178] Mit Stahl- und Metallarbeitern der ganzen Welt erlebte Toni Sender eine „auf gegenseitigem Vertrauen basierende Kameradschaft". Nach ihrer Emigration schrieb sie von einer „Brüderschaft, die durch gemeinsamen Kampf und gemeinsame Ideen verbunden ist". Über die Jahrzehnte gab ihr so der Entschluss, zugunsten des sozialen Kampfes auf eine eigene Familie zu verzichten, ein anderes Zuhause: „Die Internationale der Metallarbeiter wurde so etwas wie eine zweite Heimat für mich."[179]

Abbildung 13: Ein Artikel von Toni Sender aus dem Jahr 1928, in dem sie junge proletarische Frauen auffordert, sich dem ihnen zugedachten Schicksal nicht kampflos zu ergeben

Während der Novemberrevolution war die damals 30-jährige Sender bereits eine zentrale Figur für die Frankfurter Region. Sie referierte auf zahlosen Treffen mit Frankfurter Betriebsräten, leitete Betriebsräteversammlungen und hatte direkten Einfluss auf den Verlauf der Revolution in Frankfurt.[180]

Toni Sender äußerte sich schon früh in einer theoretischen Schrift zu der Frage, welchen Platz Frauen in einer Rätestruktur einnehmen können.[181] Wie Luise Zietz hielt sie das BRG für Betrug und für „unbefriedigend"[182], weil es die Er-

---

177 *Sender*, Autobiographie einer deutschen Rebellin, 229.
178 Vgl. *Wickert*, „Sender, Toni" in: Neue Deutsche Biographie 24.
179 *Sender*, Autobiographie einer deutschen Rebellin, 162, 163, 165.
180 Vgl. *Sender*, Autobiographie einer deutschen Rebellin, 98 f., 103, 107, 117. Auch in den folgenden Jahren setzte sich dieser Einfluss fort, siehe 146, 151.
181 Vgl. *Sender*, Die Frauen und das Rätesystem.
182 *Sender*, Autobiographie einer deutschen Rebellin, 161. Ihre scharfe analytische Kritik explizierte sie in dem programmatischen Artikel „Werden und Aufgaben des Betriebsrats", in: Betriebsräte-Zeitschrift für die Funktionäre der Metallindustrie, 1920, Heft 1, abgedruckt in: Steen/Weiden (Hrsg.), Tony Sender, 98–99.

wartungen der Massen nicht erfüllte – nahm sich aber der Aufgabe an, durch Bildung der Betriebsräte das Beste aus dieser Situation zu machen. Als Robert Dißmann ihr vorschlug, das Betriebsrätemagazin der großen und wichtigen Metallarbeitergewerkschaft zu übernehmen, willigte sie ein. Ihre Erfahrungen als Mitarbeiterin in einem Metallkonzern als Handlungsgehilfin, ihr Studium der Volkswirtschaft und ihre ersten Erfahrungen als Parlamentarierin qualifizierten sie hervorragend für diesen Job. Dreizehn Jahre lang schrieb sie zahllose Artikel, knüpfte Verbindungen zu Betriebsräten und hielt landauf landab Vorträge vor Betriebsrät*innen.[183] In der *Betriebsräte-Zeitschrift für Funktionäre der Metallindustrie* veröffentlichte sie mit den Jahren fast 420 Artikel und übte so einen nicht zu unterschätzenden Einfluss auf das Handeln vor Ort aus.[184]

Abbildung 14: Lesende Arbeiterin bei der Lektüre einer Gewerkschaftszeitschrift

Viele dieser Artikel waren allgemeinerer (wirtschafts-)politischer Natur. Andere kommentierten die rechtlichen und politischen Bedingungen und Entwicklungen und diskutierten, wie daraus konkretes Handeln abzuleiten wäre. Dies lässt sich beispielhaft an einem ihrer Leitartikel aus dem Mai 1924 zeigen, der den Titel trägt: „Eine wichtige Entscheidung des Reichsarbeitsgerichts. Gegen die Unternehmersabotage der Betriebsräte im Aufsichtsrat".[185] Sender beschreibt und diskutiert darin die weit verbreiteten Versuche der Unternehmen, unter „Ausnutzung aller Möglichkeiten des Aktienrechts und unter völliger Nichtachtung des

---

183 Vgl. *Sender*, Autobiographie einer deutschen Rebellin, 162.
184 Vgl. Steen/Weiden (Hrsg.), Tony Sender, 92 (mit einer Aufstellung der Titel), 93–97.
185 *Sender*, Betriebsräte-Zeitschrift für Funktionäre der Metallindustrie 10.5.1924, 105.

Sinnes des neuen Betriebsrätegesetzes" eine „völlige Ausschaltung der Betriebs-räte im Aufsichtsrat"[186] zu erreichen. In einer letztinstanzlichen Entscheidung, re-ferierte Sender, hatte das Reichsarbeitsgericht einige dieser Konstrukte kassiert und außerdem erstmalig die Verpflichtung der Aufsichtsräte festgestellt, Forde-rungen von Arbeitnehmerseite nicht nur zur Kenntnis zu nehmen, sondern auch „auf eine Besserung der Verhältnisse hinzuwirken". An die Leser*innenschaft, also die Betriebsräte in der Metallindustrie, gerichtet schloss Sender:

> „Damit ist – unseres Wissens zum erstenmal – von maßgebender Stelle zum Ausdruck gebracht, daß es sich nicht nur um das platonische Vor-tragen von Wünschen und Beschwerden handelt, denen keine Folge ge-geben zu werden braucht, sondern daß auch die Gesellschaft gehalten ist, durch Besserung der Verhältnisse eine praktische Folge zu geben.

> Es muß nunmehr unverzüglich Aufgabe der Betriebsräte sein, die Sta-tuten ihrer Gesellschaften genau zu prüfen, inwieweit sie mit dieser nun mehr erfolgten Entscheidung des Reichsgerichts übereinstim-men. In all den Fällen – und sie werden nicht gering an der Zahl sein – in denen Lücken oder Unklarheiten vorhanden sind, ist vom Be-triebsratsvertreter im Aufsichtsrat ein entsprechender Antrag auf Sat-zungsänderung zu stellen, und zwar unter Berufung auf das Urteil des Reichsgerichts [...]. Denn es ist unbedingt Pflicht der Betriebsräte, wenigstens die Rechte voll wahrzunehmen, die ihnen auch die bür-gerliche Rechtsprechung zuerkennen muß."[187]

Über diese Tätigkeiten hinaus arbeitete Sender im Reichstag in den Ausschüs-sen für Wirtschafts- und Sozialpolitik mit, auch in der Außenpolitik war sie ak-tiv.[188] Ihre Expertise, Erfahrungen und Überzeugungen im Bereich der Mitbe-stimmung prägten ihre zahlreichen Reden und Berichte im Reichstag. Am 19. Mai 1922 war ihr Thema die „Schulung von Betriebsratsmitgliedern", am 7. Mai 1923 die Betriebsverfassung (im Rahmen der Haushaltsdebatte), am 10. Februar 1925 äußerte sie sich ausführlich zum Themenfeld „Tarifvertrags-, Lohn- und Einigungswesen" sowie zur Betriebsverfassung. Auch zur Arbeit der „Gewerbeaufsichtsbeamten", zum Arbeitsschutz und zu Gesetzesänderun-gen im Bereich der Arbeitslosenvermittlung und -versicherung bezog Toni Sender im Reichstag Position.[189]

---

186 *Sender*, Betriebsräte-Zeitschrift für Funktionäre der Metallindustrie 10.5.1924, 105, Zitat 107.
187 *Sender*, Betriebsräte-Zeitschrift für Funktionäre der Metallindustrie 10.5.1924, 105, 109. In den Auslas-sungszeichen nennt Sender mit Blick auf den praktischen Nutzen für die Lesenden das vollständige Aktenzeichen: II. Zivilsenat, Urteil vom 11. Januar 1924 i. S. P. (Kl.) w. Bayrische Hypotheken= und Wechselbank A.=G. (Bekl.) II. 274/23.
188 Vgl. *Sender*, Autobiographie einer deutschen Rebellin, 172, 221.
189 Vgl. Angaben nach einer entsprechenden Aufstellung in Steen/Weiden (Hrsg.), Tony Sender, 57.

WHAT ARE THE BIG ISSUES OF TODAY?

WAR • PEACE • NEUTRALITY

DEMOCRACY • DICTATORSHIP

PROPAGANDA • DEFENSE

A EUROPEAN FEDERATION

All these are
covered in the
LECTURES
of

TONI SENDER

Author:
"The Autobiography
of a German Rebel"

•

For Thirteen Years a
Member of the
German Reichstag

Photo by G. Maillard Kesslere

Abbildung 15: Auch im US-amerikanischen Exil blieb Sender politisch aktiv (hier 1939/1940).

IV. Pionierinnen in der Weimarer Republik

Nach den grundlegenden Auseinandersetzungen zu Beginn der Weimarer Republik wurden in den folgenden Jahren die Bedingungen, unter denen Arbeitskämpfe stattfanden, neu geordnet. Die rechtlichen Aspekte der Gewerkschaftsarbeit gewannen größeres Gewicht, das Arbeitsrecht mit all seinen Vor- und Nachteilen wurde zu einem zentralen Betätigungsfeld der Organisationen, aber auch der Arbeit vor Ort und im Betrieb. Dieses rechtliche Feld interpretierten die zeitgenössischen Gewerkschaften zuweilen als ein rein männliches (siehe Abbildung) – und auch in der heutigen Geschichte des Arbeitsrechts ist dies oft die implizite Annahme. Wie auf den nächsten Seiten klar werden sollte, hält dies einem Abgleich mit realen Gegebenheiten nicht stand.

Abbildung 16: Das Arbeitsrecht rückte in der Weimarer Republik zunehmend in den Fokus (und wurde zu Unrecht rein männlich interpretiert).

Gegen die Unsichtbarkeit von Frauen in der Gewerkschafts- und Betriebsratsarbeit wurden schon Zeitgenoss*innen aktiv. Unter dem Titel „Die Frau im Betriebsrat" machte Toni Sender auf die diesbezüglichen Schwierigkeiten aufmerksam:

> „Bei der großen und stets wachsenden Zahl weiblicher Erwerbstätiger ist es nun für uns außerordentlich interessant, einmal der Frage nach-

zugehen, ob auch die Frauen in dieser bedeutsamen Einrichtung [dem Betriebsrat, U.F.] tätig wurden und wie sie sich darin bewähren.

Leider haben wir keine eigenen Erhebungen darüber. Wollen wir etwas erfahren, müssen wir uns den Jahresberichten der Gewerbeaufsichtsbeamten zuwenden. Leicht könnte bei dieser Durchsicht der Gedanke aufkommen, daß die Frauen ihre Rechte in der Betriebsvertretung nur in geringem Maße wahrgenommen haben; doch dürfen wir uns von ungünstigen Teilergebnissen den Blick nicht trüben lassen. Das Gesamtergebnis ist ein durchaus positives, besonders, wenn man die viel ungünstigeren Voraussetzungen beachtet, mit denen die erwerbstätige Frau an die Aufgaben herantritt als der Mann. (…)

Haben sich nun die im Betriebsrat tätigen Frauen ausschließlich der Interessen der weiblichen Beschäftigten angenommen? Nach den Berichten war dies erfreulicherweise nicht der Fall. (...) Im Mittelpunkt der von den Frauen im Betriebsrat erledigten Aufgaben stand ihre Beteiligung an der Regelung der Lohnfragen, der Arbeitszeit und der Arbeitseinteilung, des Entlassungsschutzes. (...)"[190]

Die quantitativen Angaben, die uns zu dieser Frage heute vorliegen, stammen aus der zweiten Hälfte der 1920er Jahre und damit aus der Zeit nach dem Erscheinen dieses Artikels. Sie weisen eine erstaunlich große Zahl von Frauen nach, die sich trotz der widrigen Umstände für die Mitbestimmung stark machten. Solche Zahlen sind Glücksfälle, denn allzu oft blieb in Gewerkschaftsberichten und -statistiken weibliche Beteiligung durch das durchgängige generische Maskulinum und die fehlende Kategorie Geschlecht unsichtbar. Umso wichtiger sind die Quellen, in denen dies anders ist.

Der Textilarbeiterverband zählte für das Jahr 1925 in einer der seltenen geschlechterspezifischen Aufstellungen etwa 4.500 weibliche Mitglieder als Betriebsrätinnen, das war fast ein Drittel aller Betriebsräte des Verbandes.[191] Im Buchbinder-

---

190 Toni Sender, „Die Frau im Betriebsrat", in: Die Genossin, 1926, Heft 3, abgedruckt in Steen/Weiden (Hrsg.), Tony Sender, 100. Vergleichbare Quellen nennt auch der einzige (!) Absatz zum Thema in dem umfangreichen Werk *Däubler/Kittner*, Geschichte der Betriebsverfassung, 213 (mit Anm. 466). Die gleiche Arbeit stellt für empirische Literatur zum Thema Betriebsräte und Betriebsverfassung der Weimarer Republik' an sich (also ohne Beachtung der Geschlechterdimension) ein kolossales Defizit fest, ebd. 209–211. Däubler/Kittner übersehen bei ihrer Feststellung, es gäbe überhaupt nur zwei Studien allerdings die Arbeit *Kassel*, Frauen in einer Männerwelt – vielleicht weil diese Frauen als Untersuchungsgegenstand hat.

191 Vgl. Karl Schrader: „Die Textilarbeiterin in ihrer Tätigkeit als Vertrauensperson des Verbandes und als Betriebsrätin", Protokoll vom Kongress der Textilarbeiterinnen Deutschlands, Berlin 1926, 107–109, zitiert nach *Fattmann*, Pionierinnen der Mitbestimmung, 24 f.

verband, der traditionell ebenfalls über einen hohen Anteil weiblicher Mitglieder verfügte, lag die Quote ähnlich hoch: 1928 waren von den 2.677 Betriebsrät*innen 847 Frauen.[192] Im Jahr 1931 wurden in Dresden im Metallbereich 89 Betriebsrätinnen erfasst,[193] für das gleiche Jahr nannte eine Statistik des freigewerkschaftlichen DMV reichsweit 779 weibliche Betriebsräte.[194] Es gab zudem unerwartete „hot-spots" von Betriebsräten mit hohem Frauenanteil, etwa in den „Kabelwerken Oberspree" (KWO) der AEG in Berlin.[195] Eine rein weibliche „Helferinnenliste" wies 1931 für die Wahlen zum Zentralbetriebsrat bei der Reichspost sogar mehr als zwei Dutzend Kandidatinnen auf (siehe Abbildung).

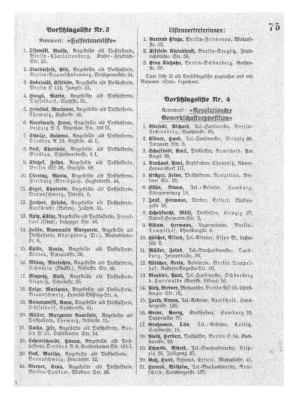

Abbildung 17: Zur Wahl des Zentralbetriebsrats der Reichspost 1931 trat als eine von vier Listen eine „Helferinnenliste" an; sie umfasste 27 Frauen als Kandidatinnen.

---

192 Vgl. „Frauenarbeit und Gewerkschaften", in: Gewerkschaftszeitung, 40. Jg., 1930, 21–22, hier: 22, zitiert nach *Fattmann*, Pionierinnen der Mitbestimmung, 25, Anm. 72.

193 Vgl. *Goers* in: Mielke (Hrsg.), Gewerkschafterinnen im NS-Staat (Band 2), 351.

194 Vgl. *Kassel*, Frauen in einer Männerwelt, 363 f. Kassel diskutiert diese Zahlen auf den Seiten 363–368.

195 Vgl. Der Betriebsrat galt als „roter Betriebsrat". Einige der Beteiligten waren auch darüber hinaus politisch aktiv, ihre Erinnerungen wurden in der DDR bewusst gesichert. Oft befinden sie sich heute in den SgY und DY-Beständen im Bundesarchiv (z.B. Wally Vollmer).

Hinsichtlich des für arbeitende Frauen ohnehin schon massiven Überliefe-rungs- und Quellenproblems ist die Suche nach individuellen Pionierinnen, die im Rahmen des neuen Betriebsrätegesetzes aktiv waren, in weiterer Hin-sicht erschwert. Die Frauen selbst, aber auch die beteiligten Organisationen und Familien, die Dokumente hätten überliefern können, erachteten alltägli-che Unterlagen der Betriebsratsarbeit offenbar nicht als relevant; eine Über-lieferung auf diesen Wegen ist extrem selten. Die eigentlichen Arbeitsunterlagen der Betriebsratsarbeit gehören außerdem zur Unternehmensüberlieferung. In der Entwicklung von Unternehmensarchiven kamen sie vielfach unter die Rä-der – zahlreiche Fusionen, Eigentümerwechsel und die nachteilige Prioritäten-setzung bei der Kassation von Unterlagen haben wenig von ihnen übriggelas-sen. Auch wissenschaftliche Studien, die zeitaufwändige und rechercheintensi-ve Vorarbeiten geleistet haben, sind rar oder existieren gar nicht.

An dieser Stelle können trotz dieser Hindernisse drei beeindruckende Beispie-le vorgestellt werden: Emma Benkert, Grete Ilm und Hilde Radusch stehen stellvertretend für das breite Spektrum, in dem Frauen während der Weimarer Republik die Mitbestimmung formten.[196] Anhand ihrer Biografien kann ein konkreter Eindruck der Arbeit von Betriebsrätinnen in der Weimarer Repub-lik gewonnen werden.

1. Benkert, Emma (1883–Unbekannt) – Betriebsrätin im Kinderkrankenhaus

Emma Benkert steht stellvertretend für die vielen namenlosen und unerinner-ten Frauen, die an ihrem Arbeitsplatz und in den Gewerkschaften für die Ver-besserung ihrer Lebensbedingungen stritten. Sie hatte keine herausgehobene Position, kam nicht zu Bekanntheit, übte einen ganz normalen Beruf aus – und hinterließ wie so viele ihrer Kolleginnen keine persönlichen Quellen. Ein jüngerer, sehr gelungener biografischer Aufsatz von Julia Pietsch ermöglicht es in ihrem Fall jedoch, sich ihren mitbestimmungsrelevanten Tätigkeiten anzu-nähern.[197]

---

196 Den drei Biografien ist gemein, dass jeweils neuere wissenschaftliche Aufsätze die vertiefende Recher-che erleichterten oder gar erst ermöglichten. Vgl. zu Hilde Radusch *Schneider* in: Mielke (Hrsg.), Ge-werkschafterinnen im NS-Staat (Band 2), 381 sowie *Scheidle* in: Bundesstiftung Magnus Hirschfeld, zu Grete Ilm *Pietsch* in: Mielke (Hrsg.), Gewerkschafterinnen im NS-Staat (Band 2), 240, zu Emma Ben-kert *Pietsch* in: Mielke (Hrsg.), Gewerkschafterinnen im NS-Staat (Band 2), 51.
197 Vgl. *Pietsch* in: Mielke (Hrsg.), Gewerkschafterinnen im NS-Staat (Band 2), 51.

Emma Benkert kam am 26. April 1883 in der Gemeinde Eisfeld (Thüringen) zur Welt. Ihre ersten Lebensjahre verbrachte sie in ihrem sozialdemokratischen Elternhaus, doch mit sieben Jahren wurde sie zur Waise. Den Rest ihrer Kindheit war sie in einem Kriegerwaisenheim untergebracht.[198] Sie zog nach Berlin und wurde dort Kinderkrankenschwester und Betriebsrätin. Emma Benkert wurde wenige Monate nach der Machtübergabe an die Nationalsozialisten entlassen und hatte in der Folge Schwierigkeiten, ein Auskommen zu finden. 1937 wurde sie wegen Unterstützung von illegalen Widerstandsnetzwerken zu zwei Jahren Zuchthaus verurteilt. Nach Kriegsende schloss sie sich sofort wieder einer Gewerkschaft an und zog 1948 nach Gotha zu ihrer Schwester. Ihr Sterbedatum ist bis dato unbekannt.[199]

Lange Jahre, von 1898 bis 1914 (ab 1903 in Berlin), arbeitete sie als Hausangestellte unter der postfeudalen Gesindeordnung. Ihre gewerkschaftliche Tätigkeit scheint Emma Benkert erst in ihrem neuen Beruf begonnen zu haben: Nach dem Beginn des Ersten Weltkriegs konnte sie sich an der Kaiserin Auguste-Viktoria-Krippe zur Säuglings- und Kleinkindpflegerin ausbilden lassen.[200] Nach einigen Anstellungen in Privathaushalten als Kinderpflegerin trat Emma Benkert am 6. März 1917 ihre Stellung im ersten großen Kinderkrankenhaus Berlins an, dem Kaiser- und Kaiserin-Friedrich-Kinderkrankenhaus in der Reinickendorfer Straße 61–62.[201] Nach wenigen Wochen schloss sie sich der zuständigen Gewerkschaft, dem *Verband der Gemeinde- und Staatsarbeiter* (VGS) an, dessen Sektion Gesundheitswesen einen hohen Frauenanteil aufwies.[202]

Direkt nach der Novemberrevolution bildeten sich an der wichtigsten Ausbildungsstätte für Kinderkrankenschwestern, dem *Kaiserin-Auguste-Viktoria-Haus zur Bekämpfung der Säuglingssterblichkeit im Deutschen Reich* (KAVH), Arbeiterinnenräte. Benkert selbst war dort nicht tätig, doch eine ähnliche Entwicklung ist auch an ihrer Wirkungsstätte (dem Kaiser- und Kaiserin-Friedrich-Kinderkrankenhaus) anzunehmen, da dort kurze Zeit später ein großer Betriebsrat tätig war. Dass Benkert sich an solchen Aktivitäten beteiligte, ist mehr als wahrscheinlich, aber aufgrund fehlender Dokumente nicht direkt nachweisbar. So lässt sich ein kleiner Einblick in die Arbeit der Schwesternräte aus den entsprechenden Dokumenten des KAVH gewinnen. Der dortige Schwesternrat und der parallel entstandene Schwesterschülerinnenrat am KAVH stellten

---

198 Vgl. *Pietsch* in: Mielke (Hrsg.), Gewerkschafterinnen im NS-Staat (Band 2), 51, 51 f.
199 Vgl. *Pietsch* in: Mielke (Hrsg.), Gewerkschafterinnen im NS-Staat (Band 2), 51, 55–64.
200 Vgl. *Pietsch* in: Mielke (Hrsg.), Gewerkschafterinnen im NS-Staat (Band 2), 51, 51 f.
201 Vgl. *Pietsch* in: Mielke (Hrsg.), Gewerkschafterinnen im NS-Staat (Band 2), 51, 53, ergänzt mit Informationen von http://histomapberlin.de und den Wikipedia-Einträgen „Rudolf-Virchow-Kinderkrankenhaus & Geriatrisches Heim" und „Kaiserin-Auguste-Viktoria-Haus".
202 Vgl. *Pietsch* in: Mielke (Hrsg.), Gewerkschafterinnen im NS-Staat (Band 2), 51, 53.

noch im November 1918 die ersten Forderungen auf: Gehaltserhöhung, verbesserte Verpflegung und die Umsetzung des Achtstundentags standen ganz oben auf ihrer Liste. Diese rein weiblichen Räte waren bis weit in das Jahr 1919 und darüber hinaus aktiv und vertraten die Interessen aller Beschäftigten sowohl kollektiver Art als auch hinsichtlich vieler Einzelfälle. Dazu gehörte etwa die Bitte, einer altgedienten Schwester mit einer Beihilfe eine dringend notwendige Kur zu ermöglichen.[203] Die Schwesternräte waren faktisch Vorläuferinstitutionen der Betriebsräte, die mit dem Beschluss des BRG 1920 (s.o. III.2.) installiert werden konnten. Emma Benkert wurde Aktivposten in einem solchen Betriebsrat – aufgrund dieser Tatsache (und ihrer Lebenserfahrung) ist es naheliegend, dass sie sich zuvor auch an einem Schwesternrat beteiligt hatte.

In die Zeit nach dem Ende des Ersten Weltkriegs, der Novemberrevolution und der Gründung der Weimarer Republik fällt der bemerkenswerte Aufstieg der Gewerkschaften als Massenorganisationen. Die Tendenz war überall ähnlich und auch der *Verband der Gemeinde- und Staatsarbeiter* erhöhte mit stark steigenden Mitgliedszahlen zugleich seine Durchsetzungskraft.

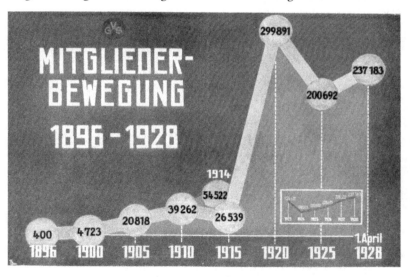

Abbildung 18: Die Entwicklung der Mitgliederzahlen des VGS von 1896 bis 1928

---

203   Vgl. die einschlägigen Schriftstücke in den Akten KAVH 1510 und KAVH 1511 (HU-Archiv).

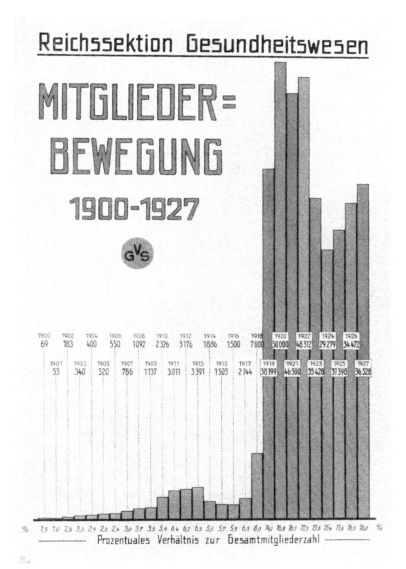

Reichssektion Gesundheitswesen

MITGLIEDER= BEWEGUNG 1900-1927

1900	1902	1904	1906	1908	1910	1912	1914	1916	1918	1920	1922	1924	1926
69	183	400	550	1092	2326	3176	1886	1500	7000	50000	48312	29279	34472

1901	1903	1905	1907	1909	1911	1913	1915	1917	1919	1921	1923	1925	1927
53	340	520	786	1137	3011	3391	1505	2144	38199	46500	35428	31398	36528

% 7,5 7,0 2,6 3,3 2,4 2,5 2,4 3,0 3,7 3,5 5,9 6,4 6,2 6,3 5,5 5,7 5,9 6,5 8,0 14,2 16,8 16,1 17,3 15,8 15,4 15,8 16,5 16,0 %
Prozentuales Verhältnis zur Gesamtmitgliederzahl

Abbildung 19: Noch bemerkenswerter war der Mitgliederaufschwung im Gesundheitswesen im VGS.

Durch diesen Mitgliederaufschwung gestärkt, konnte der VGS bzw. dessen Sektion Gesundheitswesen eine gesicherte Ausbildung in verschiedenen Pflegebereichen erkämpfen. Auch Emma Benkert ergriff diese Gelegenheit und legte ihre Prüfungen im Juni 1921 und im Oktober 1922 ab. Sie war nun Kranken- und Säuglingsschwester und übernahm zudem einige Posten in ihrer Gewerkschaft. So wurde sie Ende 1921 in den Berliner Vorstand der Sektion Angestellte gewählt, die der Reichssektion Gesundheitswesen im VGS „angelehnt"[204] war.

Das Interesse der Forschung für ihre Berufsgruppe ist bislang gering. Obwohl ihre Wirkungsstätte zu den wichtigsten und ersten ihrer Art in Deutschland zählte, wurden die Personalakten sämtlicher Schwestern und Mitarbeiter*innen des Hauses bis zur Arbeit an dieser Studie noch nie (!) eingesehen. Leider findet sich darin nur ein einziger Vorgang zu Emma Benkert, der zudem nur berichtet, dass ihre Prüfungs- und Personalakten sowohl beim Magistrat von Berlin (Abteilung für Gesundheitsdienst) als auch beim Arbeitgeber („Kaiserin- und Kaiser-Friedrich-Kinderkrankenhaus") „infolge von Kriegsereignissen in Verlust geraten"[205] sind.

Wir wissen aber aus anderen Quellen, dass Emma Benkert zur selben Zeit Betriebsrätin in besagtem Kinderkrankenhaus war, vermutlich sogar Betriebsratsvorsitzende. Sie machte ihre Sache so gut, dass sie bei der Leitung einen schweren Stand hatte und 1926 die Gelegenheit ergriff, fortan als Arbeitsvermittlerin im paritätischen Arbeitsnachweis für das „Krankenpflege-, Bade- und Massagewesen im Landesarbeitsamt Berlin"[206] zu arbeiten. Aus den Materialien der Reichssektion Gesundheitswesen im VGS, der für Krankenhäuser zuständigen Gewerkschaftsabteilung, lassen sich zudem Rückschlüsse darauf ziehen, in welchen Bereichen die Betriebsratstätigkeit von Emma Benkert Schwerpunkte gehabt haben wird:

Zunächst galt es nach der Novemberrevolution und dem Inkrafttreten des BRG, auch in den Krankenhäusern die neuen Rechte durchzusetzen. Die oben beschriebenen Strukturen der Schwesternräte waren dafür sicher eine hilfreiche Grundlage. In der *Sanitätswarte*, dem Organ der Reichssektion Gesundheitswesen im VGS, erschienen bissige Berichte zum Verhalten der alten Obrigkeiten, wenn es um die Umsetzung der BRG-Rechte ging. In Richtung der Krankenhausleitungen, die sich allzu oft mit tendenziösen Gesetzesauslegungen wichtiger Mitbestimmungsrechte entledigen wollten, hieß es im Leitartikel „Bureaukratenzöpfe und Betriebsrätegesetz" im Juli 1920:

---

204 *Pietsch* in: Mielke (Hrsg.), Gewerkschafterinnen im NS-Staat (Band 2), 51, 54 und Sanitätswarte Nr. 51/52 (23.12.1921), Spalte 462.

205 HU-Archiv, vorl. Sign. KKFK 1, Schriftwechsel 20.2.1946–2.3.1946, darin „Schwestern A–Z bis 1953". Die vorläufige Signatur wurde erst auf meine Anfrage hin vergeben.

206 Vgl. *Pietsch* in: Mielke (Hrsg.), Gewerkschafterinnen im NS-Staat (Band 2), 51, 54.

„Die Auffassungen der Buchstabenjuristen machen sich schon unangenehm bemerkbar in der allgemeinen Rechtspflege. Zu einem besonderen Uebelstand wird aber der Formelkram, besonders in den Fragen des Arbeitsrechts. Dreimal verwünscht, wenn sich der scharfmacherische Geist des ‚Herr-im-Hause-seins‘ dazu gesellt. Beim Privatkapitalisten mag das alles im Hinblick auf das gefährdete Eigeninteresse erklärlich erscheinen. Eigentlich unbegreiflich ist das aber bei den Verwaltern öffentlicher Betriebe. Die Herren freilich sind noch Fleisch vom Fleische bürgerlich-kapitalistischer Kreise."[207]

Die Verwaltungsleitungen versuchten mit einer spezifischen Interpretation des BRG die Mitbestimmung zu umgehen. Durch die Einstufung der öffentlichen und privaten Krankenhäuser als „Tendenzbetriebe" oder als Betriebe ohne wirtschaftliche Zwecke sollten wichtige Mitbestimmungsrechte gekappt werden. Gegen diesen Versuch wehrte sich die Gewerkschaft durch Interventionen beim Reichsarbeitsministerium und den Verweis auf den BRG-Kommentar von Georg Flatow, in dem unter anderem aufgeführt war, dass eine „Gewinnerzielungsabsicht"[208] nicht Voraussetzung für einen Betrieb mit wirtschaftlichen Zwecken sei. Der Text von Flatow wurde im Laufe der Weimarer Republik vielfach aktualisiert, ist in unzähligen Auflagen erschienen und gilt als der wichtigste juristische BRG-Kommentar.

Die Berliner Betriebsräte im Gesundheitswesen, zu denen auch Emma Benkert zählte, verteidigten in der Folge den Achtstundentag, sorgten durch zahlreiche Initiativen für eine geregelte und sinnvolle Ausbildung und setzten sich für ungezählte kleine Verbesserungen ein.[209] Die Forderung „für gleiche Arbeit, gleichen Lohn"[210] wurde spätestens seit 1917 explizit erhoben. Meist wirkten die Betriebsräte in unsichtbarer Alltagsarbeit vor Ort, denn streikwillige Arbeiter*innen im Kranken- und Pflegesektor standen schon damals vor dem gleichen Dilemma wie heute:

---

207 O.A., Die Sanitätswarte, 9.7.1920, 1.

208 O.A., Die Sanitätswarte, 9.7.1920, 1.

209 Siehe dazu: Zahlreiche Berichte und Leitartikel in der Sanitätswarte, und insbesondere die Berichte der VGS-Filiale Berlin. Einen spannenden mikrohistorischen Einblick in die Arbeit der VGS-Sektion Gesundheitswesen gibt *Urbach*, Wie politisch darf „Irrenpflege" sein?. Eine Zusammenstellung der Aufgaben, die sich die VGS selbst gesetzt hatte, findet sich auf Seite 63 von *Friedrich-Schulz,* Werden und Wirken der Reichssektion Gesundheitswesen im Verband der Gemeinde- und Staatsarbeiter. Darunter fiel damals schon die Forderung nach einem Ende des Ausnahmerechts für die Belegschaften konfessionell gebundener Träger.

210 Vgl. *Friedrich-Schulz,* Werden und Wirken der Reichssektion Gesundheitswesen im Verband der Gemeinde- und Staatsarbeiter, 36 f.

„Wir sind uns immer darüber klar gewesen, daß der Streik innerhalb der Krankenanstalten ein zweischneidiges Schwert ist, das vielleicht in erster Linie diejenige treffen kann, gegen die es nicht gerichtet ist",

schrieb die wichtigste Funktionärin der Sektion, Marie Friedrich-Schulz, in einer Broschüre über die Geschichte und die Tätigkeit der Gewerkschaft.[211] Im Jahr 1926 rückte der Verband bzw. die Reichssektion Gesundheitswesen im VGS ihre Arbeit und Erfolge dann ganz ohne Streik in die Öffentlichkeit. Anlass dazu bot die „Gesolei" 1926 in Düsseldorf.

Die „Ausstellung für Gesundheit, Soziale Fürsorge und Leibesübungen" („Gesolei") gilt als die größte Messe, die in der gesamten Weimarer Republik stattgefunden hat. Gezählt wurden 7,5 Millionen Besucher*innen auf einem Gelände von 400.000 m².[212] Für sie wurden in Düsseldorf am Rheinufer Bauten errichtet, die zum Teil bis heute die Stadt prägen und weit über ihre Grenzen hinaus bekannt sind: die Tonhalle, der Ehrenhof (heute unter anderem Museum Kunstpalast) und das große Versammlungshaus Rheinterrassen. Weniger bekannt ist, dass der bekannte Architekt Max Taut, der regelmäßig für die deutschen Gewerkschaften baute, für den ADGB einen eigenen Pavillon direkt am Rheinufer entwarf. Das Gebäude wurde zwar gebaut und genutzt, steht heute jedoch nicht mehr und ist in keinem der Überblickstexte über die Messe erwähnt. Es ist unklar, ob es nach Ende der „Gesolei" rückgebaut wurde oder anderen Umständen zum Opfer fiel.

Abbildung 20: Ausstellungspavillon des ADGB auf der Gesolei

---

211 Vgl. *Friedrich-Schulz,* Werden und Wirken der Reichssektion Gesundheitswesen im Verband der Gemeinde- und Staatsarbeiter, 59.

212 Vgl. *Forschungsprojekt GeSoLei:* Demokratische Gesellschaft ausgestellt? Dort auch die wichtige Einordnung der Messe in den verhängnisvollen Diskurs um den „gesunde[n] Körper des deutschen Volkes".

Die freien Gewerkschaften, die im ADGB organisiert waren, beschlossen die gemeinsame Beteiligung an dieser Ausstellung im Wissen darum, dass ihr zentraler Gedanke – Solidarität – ein völlig anderes Verständnis von „sozialer Fürsorge"[213] ausdrückte als beim Rest der Aussteller. Im Nachhinein bewerteten sie ihren Auftritt als großen Erfolg, war es doch „das erste Mal, daß die freien Gewerkschaften in ihrer ganzen Eigenart sich selbst ausstellten"[214]. Heute müssen wir konstatieren: Es war gleichzeitig das bislang letzte Mal.

Angesichts des Themenfelds der „Gesolei" ist es nicht verwunderlich, dass die Reichssektion Gesundheitswesen im VGS mit einer eigenen „Ausstellungskoje" präsent war und in diesem Rahmen Arbeit und Erfolge der Organisation und ihrer Betriebsräte – unter denen Emma Benkert nur eine von vielen war – präsentierte.

Ausstellungskoje der Reichssektion Gesundheitswesen im Verband der Gemeinde- und Staatsarbeiter, Düsseldorf 1926 (Gesolei).

Abbildung 21: Die „Ausstellungskoje" der Reichssektion Gesundheitswesen auf der Gesolei. Die moderne grafische Gestaltung war Ausdruck einer zu dieser Zeit stattfindenden Erneuerung des Erscheinungsbildes der Gewerkschaften; zur grafischen und architektonischen Modernisierung der Gewerkschaften vgl. Fuhrmann, WerkstattGeschichte 76/2018, 31, 36 f.

---

213 *Verband der Gemeinde- und Staatsarbeiter/Verbandsvorstand*, 30 Jahre Aufgaben und Leistungen 1896/1926, 7.
214 *Verband der Gemeinde- und Staatsarbeiter/Verbandsvorstand*, 30 Jahre Aufgaben und Leistungen 1896/1926, 7.

Im Jahr der „Gesolei" wechselte Emma Benkert vom Krankenhaus in die städtische Arbeitsvermittlung. Durch ihre langjährige Tätigkeit als Betriebsrätin war sie eine der vielen Alltagsheldinnen, auf deren Schultern wir heute stehen. Sie war daran beteiligt, dass die Erfolge des VGS nicht nur auf der Messe viel her-, sondern auch für die Arbeitsbedingungen im Betrieb einen bedeutenden Unterschied machten.

2.   Die Bühnenrätin Grete Ilm (1880–1957)

Es ist ob ihrer „normalen" Biografie wenig überraschend, dass Emma Benkert in der kollektiven Erinnerung nicht präsent ist. Das kann man im Fall der nächsten Pionierin der Mitbestimmung nicht behaupten. Dass Grete Ilm keinerlei Spuren in politischen und kulturellen Überlieferungen hinterlassen hat, spottet ihrer Biografie Hohn. Sie kam aus einer gehobenen, bildungsaffinen Familie, in der viel geschrieben wurde, und lebte als Schauspielerin ein Leben in der Öffentlichkeit. Dadurch stehen ungewöhnlich aussagekräftige Quellen zur Verfügung. Und wieder erlaubt uns eine – handwerklich und inhaltlich großartige – biografische Arbeit von Julia Pietsch die Annäherung an Grete Ilms Biografie. Pietsch nimmt zudem explizit ihre Interessenvertretungs- und Gewerkschaftstätigkeiten in den Blick. Auf diese Erkenntnisse stützen sich die folgenden Ausführungen.[215]

Am 11. April 1880 wurde Grete Ilm als Margarethe Jokl in Kroměříž (Tschechien) geboren. Die Kleinstadt gehörte zu Österreich-Ungarn und trug den deutschen Namen Kremsier. Die jüdische Angestelltenfamilie hatte zehn Kinder, die allesamt gute Ausbildungen durchlaufen konnten. Dies galt auch für die Töchter; sie wurden Journalistin (Valerie), studierten Nationalökonomie (Katerina, „Kitty") oder promovierten sogar in Medizin und Romanistik (Marianne). Sie verkehrten in gebildeten Kreisen, hatten unter anderem Kontakt mit den Psychoanalytiker*innen um Sigmund Freud.[216]

Margarethe selbst war schon im Alter von 17 Jahren ein Liebling des Wiener Theater-Publikums.[217] Im Laufe ihres ereignisreichen Lebens trug sie verschiedene Namen und Namenskombinationen (Ilm-Eberlein, Margarethe Mayer, Margaret Ilm), doch bekannt wurde sie unter dem Namen Grete Ilm. Ihre Schauspielkarriere begann in Brünn und führte sie bis zu ihrer erzwungenen Emigration (vermutlich 1937) unter anderem nach Wien, St. Pölten, Nürnberg,

---

215   Vgl. *Pietsch* in: Mielke (Hrsg.), Gewerkschafterinnen im NS-Staat (Band 2), 240.
216   Vgl. *Pietsch* in: Mielke (Hrsg.), Gewerkschafterinnen im NS-Staat (Band 2), 240, 242, 251.
217   Vgl. *Pietsch* in: Mielke (Hrsg.), Gewerkschafterinnen im NS-Staat (Band 2), 240, 241–243.

Frankfurt am Main, München, Königsberg und schließlich nach Berlin.[218] Grete Ilm wurde allenthalben begeistert gefeiert, als Schauspielerin, als erste Theater-Regisseurin Deutschlands, als Schauspiellehrerin und als Frau: „Ein funkelnder, sprühender Intellekt, mit dem sie zehn kluge Männer aufs Trockene setzt [...] Stellt dieser Frau eine große Aufgabe ... Ihr werdet Wunder sehen!"[219]

Eine solche große Aufgabe stellte sich Grete Ilm im Verlaufe ihres Lebens dann selbst: Die Verbesserung der Arbeitsverhältnisse ihrer Kolleg*innen durch betriebliche und gewerkschaftliche Vertretung. Schon früh bewies sie eine besondere Aufmerksamkeit für die spezifischen Schwierigkeiten, denen Frauen im Berufsleben begegnen, hier in der Theaterwelt. 1905 veröffentlichte sie mehrere Kurzgeschichten, um diese Zustände zu veranschaulichen.[220] In Frankfurt war sie „Vertrauensdame" im Betrieb und später in Königsberg Obfrau für die Gewerkschaft, stritt also in der konkreten Arbeit vor Ort für die Rechte ihrer Kolleg*innen.[221]

Abbildung 22: Grete Ilm (ca. 1905)

---

218 Vgl. *Pietsch* in: Mielke (Hrsg.), Gewerkschafterinnen im NS-Staat (Band 2), 240, 242–244.

219 *Pietsch* in: Mielke (Hrsg.), Gewerkschafterinnen im NS-Staat (Band 2), 240. Das Zitat stammt aus Artur Lewinneck: Wer soll das Königsberger Theaterleben retten?, in: Kothurn, Halbmonatsschrift für Literatur, Theater und Kunst 1 (1920), 1.5.1920, 150–163, 161, zitiert nach *Pietsch*, 243 f.

220 Vgl. *Pietsch* in: Mielke (Hrsg.), Gewerkschafterinnen im NS-Staat (Band 2), 240, 245.

221 Vgl. *Pietsch* in: Mielke (Hrsg.), Gewerkschafterinnen im NS-Staat (Band 2), 240, 246 und 244.

Die Genossenschaft Deutscher Bühnen-Angehöriger (GDBA) war – und ist bis heute – die gewerkschaftliche Vertretung der Schauspieler*innen. Im Jahr 1917 zählte sie zu den Gründungsmitgliedern des freigewerkschaftlichen Allgemeinen freien Angestelltenbunds. Schon zuvor, im Jahr 1911, wurde Grete Ilm von ihrer Wirkungsstätte, dem Stadttheater Frankfurt, als Delegierte zum GDBA-Gewerkschaftstag geschickt. Sie und die einzige weitere Frau, die Delegierte Rochelle-Müller, hatten wie so viele Gewerkschafterinnen im eigenen Verband mit Ausgrenzung und Vorurteilen zu kämpfen.[222] Trotzdem bekleidete Grete Ilm bis 1933 zahlreiche hohe Ämter in der GDBA. Im Januar 1919 wurde sie als erste Frau in den siebenköpfigen Verwaltungsrat der Schauspiel-Gewerkschaft gewählt und 1922 zur Stellvertreterin des GDBA-Präsidenten.[223]

Zwar unterrichtete Ilm in den folgenden Jahren noch in leitender Funktion an der staatlichen Theaterschule, doch ihre erfolgreich Schauspielkarriere gab sie nun auf.[224] Stattdessen widmete sie sich vollends ihrer „großen Aufgabe", der „Befreiung der Schauspieler aus einer unwürdigen Sklaverei, aus der Tyrannei überheblicher Theaterdirektoren"[225], also der Interessenvertretung ihrer Kolleg*innen. Diese Aufgabe umfasste alle klassischen Themen und Bereiche der Mitbestimmung: Tarifabschlüsse, Kampf um bessere Arbeitsverhältnisse, Regelungen für gute Ausbildung, Arbeitsvermittlung, Schiedsgerichtstätigkeiten und Sachverständigenarbeit.

Grete Ilm war für die GDBA während des gesamten Verlaufs der Weimarer Republik Mitglied im Tarifausschuss.[226] In diese Zeit fällt der Abschluss von tariflichen Vereinbarungen, die in ihren „grundsätzlichen Vereinbarungen bis heute Gültigkeit"[227] besitzen. Der erste ordentliche Tarifvertrag zwischen Bühnen-Arbeiter*innen und Theaterdirektoren wurde im Jahr 1919 abgeschlossen und galt mitunter als „Lex Ilm".[228] Heute existieren zwei Instanzen der Bühnen-Schiedsgerichte, die bei den Landesarbeitsgerichten angesiedelt sind.[229] Diese paritätisch besetzten Einrichtungen zur Schlichtung von ganz verschiedenartigen Konflikten rund um die Arbeitsbedingungen gab es bereits in der Weimarer Republik. Grete Ilm vertrat als Mitglied des Oberschiedsgerichts auch hier ihre Kolleg*innen. Durch diese Tätigkeit blieb sie in enger Fühlung mit der Lebenswirklichkeit ihrer Kolleg*innen.[230]

---

222   Vgl. *Pietsch* in: Mielke (Hrsg.), Gewerkschafterinnen im NS-Staat (Band 2), 240, 245 f.
223   Vgl. *Pietsch* in: Mielke (Hrsg.), Gewerkschafterinnen im NS-Staat (Band 2), 240, 247.
224   Vgl. *Pietsch* in: Mielke (Hrsg.), Gewerkschafterinnen im NS-Staat (Band 2), 240, 249.
225   Aufbau, XXIII. Jg., Nr. 44, 1.11. 1957, 10, zitiert nach *Pietsch* in: Mielke (Hrsg.), Gewerkschafterinnen im NS-Staat (Band 2), 240, 247.
226   Vgl. *Pietsch* in: Mielke (Hrsg.), Gewerkschafterinnen im NS-Staat (Band 2), 240, 247 f.
227   *Lange*, Ökonomie des subventionierten Öffentlichen Theaters in Deutschland, 13.
228   Vgl. *Pietsch* in: Mielke (Hrsg.), Gewerkschafterinnen im NS-Staat (Band 2), 240, 248.
229   Vgl. *GDBA*, Bühnenschiedsgerichte.
230   Vgl. *Pietsch* in: Mielke (Hrsg.), Gewerkschafterinnen im NS-Staat (Band 2), 240, 248 f.

Wie bereits gesehen, waren mit den Neuerungen, die die Novemberrevolution mit sich brachte, die Arbeitsvermittlungsstellen in staatliche oder paritätische Obhut übergegangen. Im Bühnenbereich war die Stellenvermittlung paritätisch organisiert. Ilm wurde von ihrer Gewerkschaft in den Aufsichtsrat des „Bühnennachweises" geschickt.[231]

Ilm scheint auch in der Deutschen Demokratischen Partei (DDP) aktiv gewesen zu sein und setzte sich 1926 für den Volksentscheid zur „Enteignung der Fürstenvermögen" ein. Es waren jedoch das gewerkschaftliche Engagement und der ganz konkrete Einsatz für mehr Mitbestimmung, die fast eineinhalb Jahrzehnte Grete Ilms Aktivitäten bestimmten. Wie für so viele andere Biografien bedeutete die Machtübergabe an die Nationalsozialisten auch für die gebürtige Jüdin Ilm, die 1902 die jüdische Gemeinde verlassen hatte, einen tiefen Einschnitt.[232] Zu echten Widerstandshandlungen der GDBA gegen die neuen Machthaber kam es genauso wenig wie bei den anderen Gewerkschaften. Grete Ilm musste Anfang 1933 alle ihre Ämter niederlegen. Vermutlich 1937 emigrierte sie mit ihrem Ehemann Arthur Mayer in die USA und erhielt 1943 unter ihrem bürgerlichen Namen Margarethe Mayer die USamerikanische Staatsbürgerschaft. Sie lebte in Kalifornien und starb dort am 19. Oktober 1957 an den Folgen eines Herzinfarktes.[233]

Der Fall von Grete Ilm demonstriert eindrücklich, dass das Dasein als einfache Arbeiterin und die meist damit verbundene prekäre Quellenlage nicht die einzigen Gründe für die fehlende Erinnerung an gewerkschaftlich aktive Frauen sind. Ilm war bildungsnah, von der zeitgenössischen Öffentlichkeit geradezu gefeiert, bewegte sich in einem Milieu, in dem sehr viele Quellen produziert wurden, hatte ein intellektuelles, ein „schreibendes" Familienumfeld – und ist trotzdem vergessen. An Grete Ilm wird weder als brillante Schauspielerin oder erste deutsche Theaterregisseurin noch als Gewerkschafterin erinnert. Bis heute existiert nicht einmal ein Wikipedia-Eintrag: Gesellschaftliche Erinnerung ist nicht nur eine Klassen- sondern auch eine Geschlechterfrage.

---

231 Vgl. *Pietsch* in: Mielke (Hrsg.), Gewerkschafterinnen im NS-Staat (Band 2), 240, 249.
232 Vgl. *Pietsch* in: Mielke (Hrsg.), Gewerkschafterinnen im NS-Staat (Band 2), 240, 250.
233 Vgl. *Pietsch* in: Mielke (Hrsg.), Gewerkschafterinnen im NS-Staat (Band 2), 240, 250–252.

3. Chronistin ihrer eigenen Sache – Hilde Radusch (1903–1994)

Wie viele der Pionierinnen der Mitbestimmung hat auch Hilde Radusch (1903–1994) eine bemerkenswerte Biografie. Sie wurde im Kaiserreich groß und starb im „wiedervereinigten" Deutschland. Raduschs Leben ist reich an Erlebnissen und Handlungen, an politischen und persönlichen Begebenheiten in ganz verschiedenen Bereichen. Zudem ist die Quellenlage ausgezeichnet, dafür hatte Radusch – eine der Mitbegründerinnen des feministischen Archivs FFBIZ in Berlin – selbst gesorgt. Über ihren Nachlass hinaus lassen sich viele Informationen aus zahlreichen biografischen Interviews gewinnen.[234] Es ist völlig unverständlich, warum ihr bis heute keine größere biografische Arbeit zuteilgeworden ist.

An Radusch wird heute in Berlin-Schöneberg erinnert, was auf die Aktivitäten von *Miss Marples Schwestern* („Netzwerk zur Frauengeschichte vor Ort") zurückzuführen ist. In vielen Texten wird an sie vor allem wegen ihrer Rolle in der Westberliner Lesbenbewegung der 1970er Jahre erinnert. Das ist vollkommen gerechtfertigt – doch auch jede*r Historiker*in mit Interesse an der Arbeiter*innenbewegung, der Geschichte der Sexualität oder der Alltagsgeschichte wird ihre lebensgeschichtlichen Interviews mit großem Gewinn lesen. Und dies nicht nur wegen der darin verarbeiteten Geschichte, sondern auch aufgrund der persönlichen, oft erstaunlich reflektierten Erinnerungen und den vielen berührenden Geschichten.

---

234 Besonders hervorzuheben ist die Interview-Serie, die die Oral-History-Expertin und Pionierin der feministischen Geschichtsschreibung Annemarie Tröger Ende der 1970er Jahre mit Hilde Radusch geführt hat. Die daraus entstandenen etwa 450 Seiten Transkripte sind im Nachlass Tröger im FFBIZ einzusehen. Zum Wirken Trögers vgl. einen jüngst erschienen Band, der ihre Arbeitsweise reflektiert: *Tröger*, Kampf um feministische Geschichten. Hilde Radusch war auch selbst schriftstellerisch tätig, darunter fällt eine unveröffentlichte Erzählung über die Jahre der Nazi-Herrschaft („Tante Fanni – freie Bearbeitung einer wahren Begebenheit", MS, NL Radusch 1, Spinnboden Lesbenarchiv, Angabe nach *Schneider* in: Mielke (Hrsg.), Gewerkschafterinnen im NS-Staat (Band 2), 381, 387. Das Manuskript wurde von mir nicht eingesehen). Bei der Erarbeitung der Biografie von Hilde Radusch waren mir Ilona Scheidle und Sabine Krusen eine große Hilfe und hatten viele interessante Hinweise. Tausend Dank! Vgl. auch: *Scheidle* in: Bundesstiftung Magnus Hirschfeld.

Abbildung 23: Hilde Radusch (vermutlich 1941)

Im Laufe ihres Lebens engagierte sich Hilde Radusch in zahlreichen politischen Organisationen (unter anderem KPD und SPD) und in mindestens sechs Gewerkschaften (darunter Öffentliche Dienste, Transport und Verkehr (ÖTV) und die Industriegewerkschaft (IG) Druck und Papier). Gerade im Verhältnis zu den Parteien wird deutlich, dass sie ihre Überzeugungen, ihre Selbstwirksamkeit und ihr eigenständiges Handeln wichtiger nahm als Organisationsdisziplin und -loyalität, denn sie verließ die Parteien, sobald sie sich eingeschränkt fühlte. Diese freigeistige Haltung zog es gleichzeitig nach sich, dass Radusch vielfach in anderen Strukturen Wirkung entfaltete. Eines dieser Handlungsfelder war die Betriebsratsarbeit. Diese jahrelange Tätigkeit, in die ihr die Partei (in der Weimarer Republik die KPD) nicht reinredete,[235] macht Hilde Radusch zu einer Pionierin der Mitbestimmung.

Geboren wurde Hilde Radusch am 6. November 1903 in Altdamm bei Stettin. Ihr Vater war Postbeamter, die Mutter nicht erwerbstätig. Als der Vater 1915 im Ersten Weltkrieg starb, zog Hilde Radusch mit ihrer Mutter nach Weimar. Dort besuchte sie ein Lyzeum und ging schließlich am 15. März 1921 auf eigene Initiative nach Berlin. Nach verschiedenen Stellungen, unter anderem als Hausangestellte, besuchte sie das angesehene Pestalozzi-Fröbel-Haus in Berlin-Schöneberg und bestand im September 1922 die Prüfung als Hortnerin.[236] Ihr Abschlusszeugnis war nicht überragend und ihre eigentlichen beruflichen Interessen scheinen in anderen Bereichen gelegen zu haben.[237]

Es folgten zunächst einige kurze Anstellungen in diesem Tätigkeitsfeld, oft bei Privatleuten. Bald besuchte Radusch jedoch kaufmännische Fortbildungen.[238] Am 8. Oktober 1924 trat sie als Telefonistin ihre Stellung bei der Post an, arbeitete in den kommenden Jahren in zahlreichen Berliner Post- und Fernmeldeämtern und blieb dort bis zum 8. Mai 1930 beschäftigt.[239] Sofort nach Tätigkeitsbeginn schloss sie sich der zuständigen freien Gewerkschaft, dem Deutschen Verkehrsbund (DVB), an.[240] Bereits seit 1922 war sie in einigen Vorfeldorganisationen der KPD aktiv gewesen,[241] hatte beispielsweise eine führende Rolle im „Roten Frauen- und Mädchenbund" (RFMB) eingenommen. Nach einer Weigerung, den Kurs des RFMB von der Partei vorgeben zu lassen, trat sie von ihrer Leitungsfunktion zurück und verlegte ihre Aktivitäten direkt in die KPD.[242]

---

235 Vgl. NL Tröger, FFBIZ, Rep. 500 Acc. 800, 123, 143.

236 Angaben nach einem von Hilde Radusch selbst verfassten und mehrfach ergänztem tabellarischen Lebenslauf, NL Radusch FFBIZ, Rep. 500 Acc. 300, Nr. 2, I, 3, 59, pag. 1–4. Siehe auch das unpaginierte Zusatzblatt „Meine wichtigsten Daten".

237 Vgl. *Schneider* in: Mielke (Hrsg.), Gewerkschafterinnen im NS-Staat (Band 2), 381, 383.

238 Vgl. *Schneider* in: Mielke (Hrsg.), Gewerkschafterinnen im NS-Staat (Band 2), 381, 383.

239 Angaben nach dem von Hilde Radusch selbst verfassten Lebenslauf, NL Radusch FFBIZ, Rep. 500 Acc. 300, Nr. 2, I, 3, 59, pag. 1–4, 4. Zum häufigen Wechsel der Arbeitsstelle NL Annemarie Tröger, FFBIZ, Rep. 500 Acc. 800, 123, 41. Dort auch der Hinweis, dass Radusch schon 1923 für eine kurze Zeit bei der Post beschäftigt war.

240 Vgl. *Schneider* in: Mielke (Hrsg.), Gewerkschafterinnen im NS-Staat (Band 2), 381, 384.

241 Vgl. *Schneider* in: Mielke (Hrsg.), Gewerkschafterinnen im NS-Staat (Band 2), 381, 383.

242 Vgl. FFBIZ, Rep. 500 Acc. 800, 123, 101–149.

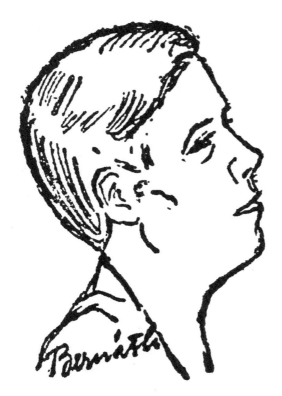

Abbildung 24: Hilde Radusch (vermutlich mit etwa 20 Jahren); Porträt des ungarischen Künstlers Aurél Bernáth

Zur Betriebsrätin wurde Hilde Radusch, weil Kolleginnen sie als geeignet dafür ansahen. Bevor sie selbst auf diese Idee kam, schlug ihr eine Kollegin, die selbst nicht in der ersten Reihe stehen wollte, die Kandidatur vor. Radusch willigte ein und wurde gewählt.[243]

Obwohl Radusch nun Betriebsrätin im Fernmeldeamt Mitte war und 1927 sogar Betriebsratsvorsitzende wurde, schloss sie der DVB bald darauf aus, vermutlich vor dem Hintergrund ihrer kommunistischen Orientierung und Aktivität.[244] Als „Rote Betriebsrätin" wurde sie dann Teil der *Revolutionären Gewerkschaftsopposition* (RGO), die zunächst Gewerkschaftsströmung, dann eige-

---

243 Vgl. NL Tröger, FFBIZ, Rep. 500 Acc. 800, 123, 130.
244 Vgl. *Schneider* in: Mielke (Hrsg.), Gewerkschafterinnen im NS-Staat (Band 2), 381, 384. Es bleibt unklar, ob hiermit der Hauptbetriebsrat für ganz Berlin gemeint ist oder der Vorsitz eines Betriebsrates eines konkreten Amtes.

ner Verband war und zum Organisationsnetz der KPD gehörte. So gewann Hilde Radusch an Wert für ihre Partei und kam bei den nächsten Wahlen zum Berliner Magistrat auf einen aussichtsreichen Listenplatz der KPD. 1929 wurde sie – gerade erst 26 Jahre alt geworden – Bezirksverordnete für den Bezirk Mitte und damit Berliner Stadtverordnete, was sie bis 1932 blieb.[245]

Selbst Betriebsratsvorsitzende waren bei der Deutschen Reichspost nur in Ausnahmefällen komplett freigestellt.[246] Auch Hilde Radusch war, während sie diese Funktion ausübte, überwiegend als Telefonistin tätig, und wurde nur für Sitzungen, Sprechstunden und Arbeitsgerichtsprozesse freigestellt – sofern der Betrieb das zuließ.[247] Sie hatte offenbar ein Talent dafür, Konflikte im Sinne ihrer Kolleg*innen „auf dem kurzen Dienstweg" mit den Vorgesetzten zu klären.[248] Vielen Kolleginnen konnte sie auch mit lebenspraktischem Rat dienen.[249] Da sie nach kurzer Zeit zusätzlich Bezirksbetriebsrätin wurde,[250] war Radusch insgesamt verantwortlich für etwa 1.000 Kolleginnen und ein paar Kollegen.[251]

Zu „ihrem" Personal zählten auch die „Reinemachfrauen", denen sie beispielsweise beistand, wenn es darum ging, dass einer Kollegin eine zu hohe Zahl an Quadratmetern zum Putzen zugeteilt worden war. Hilde Radusch sah sich die Örtlichkeiten selbst an, maß nach, konsultierte den Tarifvertrag, sprach mit den Vorgesetzten – und notfalls ging die Sache zum Arbeitsgericht.[252] Dort war sie ein häufiger „Gast". Radusch erinnerte sich noch Jahrzehnte später amüsiert an einen Spaziergang im Grunewald, bei dem ein standesgemäß gekleideter Richter sie und ihre Freundin ehrerbietend grüßte – und scheinbar erst währenddessen begriff, woher er die Gegrüßte wohl kannte.[253]

Als weibliche Betriebsrätin konnte Radusch auf die Interessen ihrer Kolleginnen effektiv eingehen. Als auffiel, dass durch die dauernde sitzende Tätigkeit

---

245 Vgl. Verein Aktives Museum (Hrsg.), Vor die Tür gesetzt, 316.

246 Vgl. beispielhaft eine entsprechende Aufstellung für das Jahr 1929: „Zahl der Betriebsvertretungen und Dienstbefreiungen", August 1929, BA, R 4701/ 10734 o.P. Demnach waren an Betriebsräten insgesamt vorhanden: 1 Zentralbetriebsrat (15 Mitglieder), 45 Bezirks-Betriebsräte (225 Mitglieder) und 1599 örtliche Betriebsräte (4391 Mitglieder) sowie einige „Arbeiterräte". Eine einzige Person war dauerhaft freigestellt, ein halbes Dutzend tageweise und der gesamte Rest nur für bestimmte Stunden. Insgesamt summierten sich die Freistellungen in der gesamten Republik auf ein Äquivalent von 17,5 Vollzeitstellen.

247 Vgl. NL Tröger, FFBIZ, Rep. 500 Acc. 800, 123, 134.

248 Vgl. NL Tröger, FFBIZ, Rep. 500 Acc. 800, 123, 148.

249 Vgl. NL Tröger, FFBIZ, Rep. 500 Acc. 800, 123, 172.

250 Vgl. NL Tröger, FFBIZ, Rep. 500 Acc. 800, 123, 151.

251 Vgl. NL Tröger, FFBIZ, Rep. 500 Acc. 800, 123, 131 f.

252 Vgl. NL Tröger, FFBIZ, Rep. 500 Acc. 800, 123, 3.

253 Vgl. NL Tröger, FFBIZ, Rep. 500 Acc. 800, 123, 148.

der Telefonistinnen Menstruationsbeschwerden und Regelschmerzen verstärkt wurden, ließ sie kurzerhand Heizkissen anschaffen und beorderte die betroffenen Kolleginnen damit für eine halbe Stunde auf eine Liege ins Krankenzimmer. Der Erfolg war so bemerkenswert, dass die Maßnahme auch in anderen Postämtern übernommen wurde.[254]

Abbildung 25: Streng überwachte sitzende Tätigkeit von Frauen in der „Fernsprechvermittlungsstelle" des Fernsprechamts Mitte in der Wilhelmstraße 66 (Berlin-Mitte). Die Aufnahme entstand 1921 (und damit noch vor der Bubikopf-Welle).

Schließlich rückte Hilde Radusch in den Zentralbetriebsrat (ZBR) der Post auf. Der Zentralbetriebsrat war die reichsweite Vertretung der Arbeiter*innen und Angestellten und damit das höchste Mitbestimmungsgremium einer der wichtigsten Einrichtungen des Landes. Er tagte im repräsentativen Reichspostministerium. Aufgrund ihrer fristlosen Kündigung (s.u.) konnte sie jedoch lediglich an einer einzigen Sitzung des ZBR teilnehmen.[255]

---

254 Vgl. NL Tröger, FFBIZ, Rep. 500 Acc. 800, 123, 135 f.
255 Vgl. NL Tröger, FFBIZ, Rep. 500 Acc. 800, 123, 136.

*Abbildung 26: Außenansicht des Generalpostamts der Kaiserlich Deutschen Reichs-
post mit dem Erweiterungsbau des Reichspostmuseums (heute Museum für Kommu-
nikation)*

Auch für Frauen, die jenseits der Betriebsratstätigkeiten politische Arbeit im Bereich der Post aufnehmen wollten, war die „Postgehilfin" Hilde Radusch vom
Fernsprechamt Mitte, Französische Straße, eine wichtige Mentorin.[256] Radusch
gab neben ihrer konkreten betrieblichen Tätigkeit im Rahmen des BRG noch
zwei Zeitschriften heraus. Die eine nannte sich „Post und Staat" und war das Organ der kommunistischen Gewerkschaft RGO im entsprechenden Organisati-
onsbereich. Raduschs praktische Art ließ sie zusätzlich selbstständig das Layout
machen.[257] Die Inhalte der Zeitung waren allerdings in hohem Maße vom KP-
Apparat vorgegeben,[258] und so liest sich die Zeitung unpersönlich und höl-
zern.[259]

---

256 Vgl. BA SgY 30/1169, Erinnerungen Elli Pfennig, niedergeschrieben am 7.6.1969, 3.
257 Vgl. Brief Radusch an die Ruhr Universität Bochum, Frauenarchiv, FB Geschichte, vom 10.5.1980,
     NL Radusch FFBIZ Rep. 500 Acc 300, 39, 15, o.P. Zu den weiteren Herausgebern vgl. *Sandvoß*, Wider-
     stand in Mitte und Tiergarten, 120.
258 Vgl. NL Tröger, FFBIZ, Rep. 500 Acc. 800, 123, 152.
259 Vgl. Post und Staat. Reichsorgan der RGO, Ausgaben 16/1931–1/1933. Auch Radusch selbst bewertet
     im Rückblick die Zeitung als „trocken" und „so langweilig wie irgendwas" NL Tröger, FFBIZ,
     Rep. 500 Acc. 800, 123, 152.

Abbildung 27: Hilde Radusch wurde als Verantwortliche der RGO-Zeitschrift „Post und Staat" geführt.

1932 wurde Hilde Radusch zu einer großen Reise in die Sowjetunion eingeladen, die sie zwischen dem 8. September und dem 28. Oktober 1932 nach Moskau, Charkiw, Odessa und Leningrad führte. Sie berichtete darüber mehrfach in der „Post und Staat".[260] Unter dem Titel „Das Zentralpostamt in Charkow" beschrieb sie die in technischer und sozialer Hinsicht moderne Organisation dieses sowjetischen Bauwerkes und der Arbeitsabläufe.[261] Das bedeutende Gebäude war 1927–1929 errichtet worden und steht bis heute in Charkiw.[262]

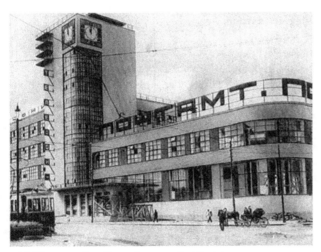

Abbildung 28: Das Zentralpostamt in Charkiw

260 Vgl. Reisedaten nach: NL Radusch FFBIZ, Rep. 500 Acc. 300, Nr. 2, I, 3, 59, pag. 1–4. Siehe auch das unpaginierte Zusatzblatt „Meine wichtigsten Daten". Berichte von dieser Reise, aus Leningrad und Odessa, sowie geschichtliche Informationen finden sich in Post und Staat. Reichsorgan der RGO, Ausgabe 10 (November 1932), 4. Ein weiterer Bericht (aus Charkiw) folgte in der nächsten Ausgabe, siehe unten.

261 „Das Zentralpostamt in Charkow", Post und Staat 11/1932, 5.

262 „This unique monument of architecture is a striking example of Constructivism, designed by the famous architect Arkadiy Mordvinov", *Abyzov/Markovskyi*, Środowisko Mieszkaniowe 2015, 94, 98.

Parallel zu „Post und Staat" redigierte Radusch „Das rote Posthorn", eine illegale Betriebsgruppenzeitschrift, die – in verhältnismäßig geringer Auflage,[263]
aber einflussreich – in Berliner Postangestelltenkreisen zirkulierte. Von dieser
Zeitung ist bislang keine archivalische Überlieferung bekannt. Doch als Hilde
Radusch mit einem sehr polemischen Artikel in Verbindung gebracht werden
konnte, hatte die Reichspost endlich die Gelegenheit, ihrer unbequemen Betriebsrätin am 8. Mai 1930 fristlos zu kündigen.[264]

Noch die Umstände der Entlassung der Betriebsrätin Hilde Radusch demonst-
rieren das solidarische Grundverständnis, das in der organisierten Arbeiter*innenbewegung im Allgemeinen und bei Hilde Radusch im Speziellen
vorherrschte: Der Artikel, der wegen Störung des Betriebsfriedens zu ihrer Entlassung geführt hatte, war gar nicht von Radusch selbst geschrieben worden,
sondern von ihrer Kollegin Lucie Döbert. Döbert war keine Angestellte der
Post, sondern Beamtin und hätte „nie in ihrem Leben wieder eine Stellung"[265]
bekommen. Radusch behielt daher die wahre Urheberschaft für sich und wurde fristlos entlassen. Der Betriebsrat hätte Einspruch erheben können, doch
Raduschs Stellvertreterin hatte sich durch Unregelmäßigkeiten erpressbar gemacht und stimmte der Entlassung zu. Dass die Kommunistin und erfolgreiche Vertreterin der Interessen ihrer Kolleg*innen ein Dorn im Auge der
Reichspost war, schlug sich auch im Arbeitszeugnis nieder:

> „Hildegard Radusch, geboren am 6. November 1903 zu Altdamm ist
> vom 9. April 23 bis zum 26. Februar 1924 und vom 8. Oktober 1924
> bis zum 8. Mai 1930 bei der Deutschen Reichspost im Fernsprechver-
> mittlungsdienst als Helferin beschäftigt gewesen. Ihre Leistungen wa-
> ren zufriedenstellend. Gezeichnet Melcher"[266]

Das war nichts anderes als ein finales Nachtreten gegen eine unliebsame Angestellte. Auch damals war es schon schwierig, mit einem solchen Zeugnis eine
Anschlussstellung zu finden – Radusch war „wirklich angeschmiert".[267] Ihre
Stellung als Berliner Stadtverordnete verlor sie anschließend an ihre Entlassung ebenfalls, denn sie wurde von der KPD 1932 nicht wieder als Kandidatin
aufgestellt. Zum einen war sie nach ihrer Kündigung bei der Post und dem damit einhergehenden Verlust ihres Status' als Betriebsrätin nicht mehr als Aus-

---

263 Vgl. NL Tröger, FFBIZ, Rep. 500 Acc. 800, 123, 156.
264 Vgl. NL Radusch, Rep. 500, Acc. 300, I, 3, 54, pag 12. Das konkrete Datum findet sich bei NL
      Radusch, FFBIZ, Rep 500 acc. 300 Nr. 2, I, 3, 59, pag. 3.
265 NL Tröger, FFBIZ, Rep. 500 Acc. 800, 123, unpaginiertes Blatt zwischen 43 und 44 „Zusätzliche
      Erinnerungen (21.9.79) zu Seite 44"; sowie NL Tröger, FFBIZ, Rep. 500 Acc. 800, 123, 131.
266 NL Tröger, FFBIZ, Rep. 500 Acc. 800, 123, 164.
267 NL Tröger, FFBIZ, Rep. 500 Acc. 800, 123, 164.

hängeschild für die Partei zu gebrauchen. Zum anderen hatte sie sich innerparteilich Feinde gemacht, denn sie hatte einen hohen KP-Funktionär in der Öffentlichkeit ausgelacht, als dieser sie aufforderte, ihre hübsche Freundin bei ihm zu Hause vorbeizuschicken.[268]

Radusch verbrachte wie so viele andere Funktionär*innen der Arbeiter*innenbewegung nach der Machtübergabe an die Nationalsozialisten einige Monate in „Schutzhaft". Zunächst war sie vom 6. April bis zum 18. Mai 1933 im Polizeigefängnis inhaftiert, anschließend in der Strafanstalt Barnimstraße. Nach ihrer Entlassung am 27. September 1933 hatte sie für einige Wochen eine Meldeauflage zu erfüllen und wurde von der Gestapo überwacht.[269] Einige Erlebnisse und Beobachtungen aus dieser Zeit teilte sie 1981 mit Hans-Rainer Sandvoß:

> „Unter uns Gefangenen befanden sich auch Frauen, die im KZ Columbia-Haus, einer Stätte, mit der uns gedroht wurde, mißhandelt worden waren. [Radusch schildert an diese Stelle die grausamen Misshandlungen im KZ Columbia-Haus und in der Barnimstraße, U.F.]. Ich konnte mich beim Verhör durch offensives Auftreten, was totalitären Systemen wohl imponierte, Punkte sammeln und weigerte mich sogar, das Protokoll zu unterschreiben."[270]

Mehr als einmal beteiligte Radusch sich an Versuchen, illegale Arbeit in der Arbeiter*innenschaft zu organisieren, unter anderem 1934 bei Siemens im Spandauer Wernerwerk.[271] Auch in den folgenden Jahren unterstützten Radusch und ihre Lebensgefährtin Else „Eddy" Klopsch auf verschiedenen Wegen Untergetauchte und nahmen verschiedene Widerstandshandlungen vor.[272] 1939 eröffnete Radusch mit ihrer Partnerin einen „privaten Mittagstisch", in der Lothringer Straße 28. Durch kreative Buchhaltung gelang es ihnen, zusätzliche Mittagessen an Bedürftige auszugeben. Die Adresse (heute Torstraße 75) befand sich direkt am Rand des damaligen „Scheunenviertels", das traditionell als jüdisches Viertel galt.

---

268 Vgl. Laut Raduschs Erinnerung war dies „Wischnewski" – „der Mann, der hinter Pieck kam", NL Tröger, FFBIZ, Rep. 500 Acc. 800, 123, 44f und NL Radusch, FFBIZ, Rep. 500 Acc. 300, I, 3, 54, 11.
269 Vgl. Schreiben vom 20.9.1933 „Geheimes Staatspolizeiamt", Unterschrift unleserlich, NL Radusch FFBIZ Rep. 500 Acc. 300 Nr. 2, o. Pag. sowie Entlassungsscheine, ebd.; ergänzt durch NL Radusch, FFBIZ, Rep 500 acc. 300 Nr. 2, I, 3, 59, pag. 4.
270 *Sandvoß*, Widerstand in Mitte und Tiergarten, 97 f.
271 Vgl. LA Berlin, C Rep. 118-01-6693 (d.i. „OdF-Akte" Hilde Radusch), pag. 4, pag. 16.
272 Vgl. *Schneider* in: Mielke (Hrsg.), Gewerkschafterinnen im NS-Staat (Band 2), 381, 385–389.

„Auch als die Bewegungsfreiheit der Juden immer brutaler eingeschränkt wurde, kamen sie an der Hintertür zu uns. Eine an die Brust
gepreßte Aktentasche verdeckte den Judenstern. Sie holten sich in
Näpfen Essen ab."[273]

Auf die Einschränkung der Bewegungsfreiheit folgten die Deportationen. Hilde Radusch und Else „Eddy" Klopsch halfen, solange sie konnten:

„Einmal erhielt ich zum Geburtstag einen Blumenstrauß im Auftrag
zweier jüdischer Schwestern überreicht, die längst deportiert worden
waren und die das Geld für mich hinterlegt hatten. Erschütternd
mußten wir bald immer öfter den Satz vernehmen. ‚Heute abend werde ich abgeholt'."[274]

Wenig später wurde es auch für Hilde Radusch als ehemalige kommunisti-
sche Stadtverordnete gefährlich. Einen Monat nach dem versuchten Umsturz
und misslungenen Attentat auf Hitler am 20. Juli 1944, am 22. und 23. August, nahmen die Nationalsozialisten mehrere Tausend Menschen fest. Diese
Aktion Gewitter (auch: Aktion Gitter) zielte auf ehemalige Funktionäre der
politischen Gegner der NSDAP. Auch Johanna Tesch (s.o. II.3.) und Johanne
Reitze (s.o. III.1.) wurden festgenommen. Hilde Radusch sollte abgeholt werden, wurde aber von der ehemaligen KPD-Stadtverordneten Martha Herz gerade noch rechtzeitig gewarnt.[275] Radusch verließ daraufhin das Berliner
Stadtgebiet und tauchte im Umland in einer dafür vorbereiteten Datsche unter. Bald darauf musste auch ihre Partnerin Else Klopsch untertauchen und
beide verbrachten die letzten Monate der Nazi-Herrschaft in Prieros in der Il-
legalität. Sie blieben unentdeckt, hatten aber mit großen Versorgungsschwie-
rigkeiten zu kämpfen.[276]

Hilde Raduschs Leben verlief auch nach Kriegsende nicht in ruhigen Bahnen.
Sie geriet in heftigen Gegensatz zu Parteikommunisten aus Ost-Berlin und trat
am 7. Januar 1946 aus der KPD aus.[277] Dadurch entstanden ihr in den nächsten
Jahren große Schwierigkeiten. Unter anderem wurde ihre Anerkennung als
„Opfer des Faschismus" zwischenzeitlich zurückgenommen. Vermutlich ha-

---

273 Zitiert nach *Sandvoß*, Widerstand in Mitte und Tiergarten, 328.
274 Zitiert nach *Sandvoß*, Widerstand in Mitte und Tiergarten, 328.
275 Vgl. LA Berlin, C Rep. 118-01-6693 (d.i. „OdF-Akte" Hilde Radusch), pag. 2; Details pag. 24 f. Herz
     bestätigte diese Aussage später, vgl. *Schneider* in: Mielke (Hrsg.), Gewerkschafterinnen im NS-Staat
     (Band 2), 381, 389 mit Anm. 30.
276 Vgl. z.B. LA Berlin, C Rep. 118-01-6693 (d.i. „OdF-Akte" Hilde Radusch), pag. 22.
277 Angaben nach dem von Hilde Radusch selbst verfassten Lebenslauf, NL Radusch FFBIZ, Rep. 500
     Acc. 300, Nr. 2, I, 3, 59, pag. 1–4, 4.

ben hierzu niederträchtige Aktionen einiger SED-Kader beigetragen. [278] Noch bis Mitte der 1950er Jahre terrorisierten SED-Leute das Frauenpaar Hilde Radusch und Else „Eddy" Klopsch. Mal wurden sie wochenlang mit großem Aufwand beschattet, mal wurde versucht, in ihre Wohnung einzudringen. Radusch und Klopsch befürchteten eine bevorstehende Entführung in den Ostsektor der Stadt – sie wären nicht die ersten gewesen. Verzweifelt wandte sich Hilde Radusch an die West-Berliner Polizei, schaffte sich einen Wachhund an und betrieb eigene Nachforschungen. Sie brachte so in Erfahrung, dass ihnen ein ehemaliger Zuhälter und vier seiner „Stammgäste" nachgestellt hatten, mit Auftrag aus Ost-Berlin. [279]

Diese Einschüchterungsversuche hielten Radusch aber nicht davon ab, wieder vielfältig (gewerkschafts-)politisch aktiv zu werden. Sie beteiligte sich an der Arbeit der *Unabhängigen Gewerkschaftsorganisation* (UGO), die sich in Berlin vom FDGB abspaltete und später zum DGB-Landesbezirk Westberlin wurde. Innerhalb der UGO fand eine aktive Frauenpolitik statt, die auch Schulung und Vernetzung von Betriebsrätinnen umfasste. [280] Als in Berlin von den DGB-Gewerkschafterinnen bezirkliche Frauenausschüsse aufgebaut wurden, ließ sich Hilde Radusch als Vorsitzende des Bezirks Schöneberg wählen. [281] Sie war zunächst Mitglied der ÖTV, [282] später im *Verband deutscher Schriftsteller* (VS) und damit ab 1974 in der Industriegewerkschaft Druck und Papier organisiert. [283]

---

278 Vgl. LA Berlin, C Rep. 118-01-6693 (d.i. „OdF-Akte" Hilde Radusch), isnbesondere pag. 7–8 und 40–43.

279 Vgl. dazu die Schriftstücke im NL Radusch, FFBIZ Rep. 300 [d.i. 500], Acc. 300, 39, 20. Zum weiteren Fortgang der Angelegenheit und der schließlich von Radusch erkämpften Entschädigung vgl. *Schneider* in: Mielke (Hrsg.), Gewerkschafterinnen im NS-Staat (Band 2), 381, 390–393.

280 Vgl. *UGO. Unabhängige Gewerkschaftsorganisation Gross-Berlin*, Zweiter Geschäftsbericht vom 1. März 1949 bis 30. Juni 1950, 87–95.

281 Vgl. „Protokoll der konstituierenden Sitzung des Frauenausschusses Schöneberg", 14.11.1950, NL Radusch, FFBIZ Rep. 500, Acc 300, 39, 12.

282 Vgl. „Anwesenheitsliste (Frauenausschuss)", 3.10.1951, NL Radusch, FFBIZ Rep. 500, Acc 300, 39, 12.

283 Vgl. DGB-Mitgliedsbuch: NL Radusch, FFBIZ Rep. 500, Acc 300, IV 24–24; sowie NL Radusch, FFBIZ Rep. 500, Acc. 300, 24–30.

Abbildung 29: Der „Berufsausweis für freie Kunstschaffende" von Hilde Radusch von 1948 mit der Angabe „Schriftstellerin"

Bis zu ihrem Tod am 2. August 1994 war Radusch auch in anderen Kontexten politisch und gesellschaftlich aktiv, unter anderem in der „Lesbengruppe 1974" (L74). Unter diesem Namen hatten sich ältere Berliner Lesben zusammengeschlossen, um mit der Frauenbewegung, die mit den sozialen Bewegungen von „68" entstanden war, zusammenzuarbeiten. Radusch diskutierte als „Mittlerin zwischen den Generationen"[284] bei zahlreichen Gelegenheiten öffentlich ihre Erfahrungen. Unter anderem aus diesen Aktivitäten ging ein Freundinnen-kreis[285] hervor, der Radusch bis zu ihrem Tod begleitete und unterstützte.

In diesem Umfeld bestand ein waches Bewusstsein für die politische Relevanz der Erinnerung. Diese Verbundenheit mit den aktuellen politischen Bewegungen erleichterte es dem Netzwerk „Miss Marples Schwestern", einen Gedenkort für Hilde Radusch zu erstreiten und damit auch eine exemplarische Biografie von gelebter, selbstbewusster Devianz im öffentlichen Diskurs zu verankern.[286]

---

284 *Scheidle* in: Ahland (Hrsg.), Zwischen Verfolgung und Selbstbehauptung, 2017. Auch zu den biografischen Stationen nach 1945 findet sich ergiebiges Quellenmaterial in verschiedenen Beständen des Berliner FFBIZ.

285 Die Schreibweise mit kleinem i statt Sternchen orientiert sich hier am persönlichen und politischen Selbstverständnis der Beteiligten.

286 Vgl. *Scheidle* in: Ahland (Hrsg.), Zwischen Verfolgung und Selbstbehauptung, 2017 sowie Gespräch mit Ilona Scheidle und Sabine Krusen am 14.11.2022. Ich möchte mich an dieser Stelle nochmals für die zahlreichen wertvollen Hinweise und Informationen bedanken, die die beiden mir bei dieser und anderen Gelegenheiten zur Verfügung gestellt haben.

Abbildung 30: Tafel am Gedenkort Hilde Radusch, Berlin

V. Schlussbetrachtung

Trotz der mehr als hinderlichen Rahmenbedingungen spielten Frauen in der Frühphase der Kämpfe um Mitbestimmung eine bedeutsame Rolle. Ihre Beiträge sind dabei sowohl in qualitativer wie auch quantitativer Hinsicht wichtig. Zuverlässige Zahlen gibt es zwar erst seit der zweiten Hälfte der 1920er Jahre (s.o.), aber in diesen Statistiken ist ablesbar, dass es sich bei weiblichen Betriebsräten nicht um einzelne Ausnahmen gehandelt hat. Eine Regelmäßigkeit der Beteiligung an den Kämpfen um Mitbestimmung lässt sich auch für die Zeit davor belegen. Denn bevor die Mitbestimmung in der Form des Betriebsrätegesetzes (BRG) 1920 rechtlich verankert wurde, gab es – wie beschrieben – andere, direkte Wege, die Arbeitsbedingungen zu beeinflussen.

Gewerkschaften, die viele Arbeiterinnen organisierten und deren Lebenswirklichkeit in die eigene (Arbeitskampf-)Praxis integrierten, griffen dazu oft auf die gewerkschaftliche Stellenvermittlung zurück. Dies war ein gut gewählter Weg, trotz hoher Fluktuation und damit verbundener niedriger Streikfähigkeit Arbeitsbedingungen sukzessive zu verbessern. Sowohl der *Verband der Buchdruckereihilfsarbeiter und -arbeiterinnen* (VBHi) als auch der *Zentralverband der Hausangestellten* (ZdH) nutzten diese Kampftechnik effizient; Gertrud Hanna war in beiden Verbänden eine der zentralen Protagonisten. Dem VBHi gelang es mit Hilfe seiner Arbeitsnachweise sogar, früh einen beachtenswerten Tarifvertrag zu erreichen. Die wichtigste Person in diesen Verhandlungen wie auch in der Geschichte des gesamten Verbandes war Paula Thiede. Sie verhalf der Hilfsarbeiterschaft insgesamt in der rauen Arbeitswelt der Druckindustrie zu Anerkennung bei Gehilfen und Unternehmen.

Während in vielen Fabriken und Werkstätten miserable Bedingungen herrschten, weil es keine rechtlichen Regelungen gab, kämpften die Hausangestellten – mit Luise Kähler in der vordersten Reihe – mit dem gegenteiligen Problem: Die starren und nachteiligen Regeln der Gesindeordnungen verhinderten, dass sich Frauen Stück für Stück Fortschritte erkämpfen konnten. Erst die Novemberrevolution eröffnete für diese Gruppe von Arbeiterinnen neue Handlungsräume. Zahlreiche Frauen – Kähler selbst, aber auch Johanna Tesch und Johanne Reitze – nutzten diese Chancen und kämpften im Reichstag für Verbesserungen. Diese Möglichkeit, im politischen bzw. parlamentarischen Bereich Einfluss auf die Rahmenbedingungen der Mitbestimmung zu erlangen, bestand für Frauen seit Anfang 1919.

Eine der für die Arbeiter*innenbewegung wichtigsten Auseinandersetzungen war die Frage nach der Zukunft der Rätebewegung, die in der Revolution so einflussreich gewesen war. Für einen kurzen historischen Augenblick hatte diese Bewegung nicht nur den Krieg beendet, sondern auch in den Betrieben demokratische Praxen normalisiert. Mit Luise Zietz setzte sich eine prominente Parlamentarierin für ein Maximum an Einflussmöglichkeiten für Betriebsräte ein. Nicht nur wollte sie gesetzlich festschreiben lassen, dass Arbeiter*innen und Angestellte gemeinsam wählten, sondern auch, dass für die Gewählten das imperative Mandat erhalten blieb. In harten Wortgefechten vertrat Luise Zietz im Reichstag ihre Positionen. Mit ihrem Vorhaben, im gesetzlichen Rahmen der Mitbestimmung mehr Einflussmöglichkeiten für die Belegschaften zu verankern, scheiterte sie ebenso wie die 100.000 Demonstrierenden vor dem Reichstag, die am 13. Januar 1920 für ähnliche Anliegen protestierten – und von denen 42 durch das Feuer der Sicherheitskräfte an diesem Tag ermordet wurden.

Sobald die rechtlichen Fragen durch das BRG geklärt waren, gingen weitere Frauen ans Werk. Johanne Reitze rief ihre Kolleginnen und Genossinnen dazu auf, die neuen Möglichkeiten intensiv zu nutzen (s.o. III.1.). Toni Sender wiederum vermittelte die theoretischen und rechtlichen Entwicklungen im Bereich der Mitbestimmung immer wieder in die Praxis der Räte. Beide verrichteten ihr Werk nicht umsonst: Tausende von Frauen wurden Betriebsrätinnen und machten sich – wie von Reitze gewünscht und von Sender unterstützt – die neuen rechtlichen Möglichkeiten zu Nutze.

Drei von ihnen wurden im Vorangegangenen näher vorgestellt. Die Biografien dieser Betriebsrätinnen weisen viele Gemeinsamkeiten auf – und sind doch so divers wie die Arbeiter*innenklasse selbst. Emma Benkert war Kinderkrankenschwester und engagierte Gewerkschafterin. Es ist wahrscheinlich, dass die spätere Betriebsrätin schon in der Novemberrevolution in einem Schwesternrat, also einem Arbeiterinnenrat engagiert war. Doch Benkert scheint keine wichtigen Aufgaben in einer politischen Partei angestrebt zu haben und auch über ihr Privatleben ist wenig bekannt. Sie war eine der zahllosen, heute unbekannten und unerinnerten Vielen, die durch ihre tägliche Arbeit im Betrieb die Rechte von Arbeiter*innen schützten und ausbauten.

Ganz anders die kommunistisch organisierte Hilde Radusch. Radusch setzte sich als wichtige Betriebsrätin bei der Reichspost weit über den lokalen Rahmen hinaus mit großer Energie für ihre Kolleg*innen ein. Für die KPD war sie zudem einige Jahre Berliner Stadtverordnete. Ihre Homosexualität scheint sie in der Weimarer Zeit wenig versteckt zu haben. Zwischen 1933 und 1945 trug sie im Rahmen ihrer Möglichkeiten mutig zum Widerstand gegen die NS-Herrschaft bei. In ihren letzten Lebensjahrzehnten erlangte Radusch eine prominente Rolle in der West-Berliner Lesbenbewegung. Diesem selbstorganisierten Wirkungs- und Bekanntheitsgrad und ihrer Umsicht im Umgang mit Dokumenten und Erinnerungen ist es zu verdanken, dass sie nicht in so dunkle Vergessenheit geraten ist wie so manche andere Pionierin. Es ist ihr eigener Verdienst und der ihrer Mitstreiterinnen, dass ihre Biografie uns heute sehr seltene konkrete Einblicke in erfolgreiche Betriebsratsarbeit für Frauen gewähren kann.

Eine der anderen, der vergessenen Pionierinnen ist Grete Ilm. Auch die bürgerlich-jüdisch geprägte Schauspielerin widmete einen wichtigen Teil ihres Lebens dem Wohl ihrer Kolleg*innen. Unermüdlich machte die gefeierte Schauspielerin und Theaterregisseurin Druck für die Verbesserung der Arbeitsverhältnisse rund um die Bühne. Nicht umsonst galt der erste Tarifvertrag in diesem Bereich als „Lex Ilm". Doch auch Grete Ilm wurde vergessen.

Wenn wir heute kaum an Frauen aus der Frühzeit der Mitbestimmung erinnern, so liegt dies also – ich hoffe dies gezeigt zu haben – nicht an diesen selbst oder an einem Mangel an „Geschichte", sondern an zahlreichen Schichten von Ignoranz und Unterrepräsentation, die sich seitdem aufgetürmt haben: Von der zeitgenössischen Wahrnehmung, die die Frauen oft übersah, bis zu jüngeren historischen Rückblicken, die wie selbstverständlich davon ausgehen, dass Frauen zu dieser Zeit keinen Einfluss hatten. Selten nur wurde dieses Bild wirksam in Frage gestellt.

Die vergangenen patriarchalen Strukturen, die es Frauen erschwerten, an Mitbestimmung teilzuhaben, können wir heute nicht mehr ändern. Wohl aber liegt es in der Verantwortung der Gegenwart, nicht durch blinde Flecken in Forschung und Erinnerung eine weitere Schicht der Ignoranz über den beeindruckend großen Anteil von Frauen zu legen, die sich trotz der vielen Widrigkeiten einbrachten. Es wäre mir eine große Freude, wenn die Lektüre der hier zusammengetragenen historischen Beispiele sowohl praktische Anregungen als auch Wiedererkennungs-Effekte mit sich brächte – insbesondere bei arbeitenden Frauen, Betriebsrät*innen und anderen Menschen, die von Lohnarbeit abhängig sind und sich etwas Schöneres als die Fortdauer patriarchaler Traditionen vorstellen können.

Gleichberechtigung zu organisieren, wird im Hier und Jetzt (und in der Zukunft) einfacher, wenn wir von Menschen wissen, die mit ihren großen Ideen und ihrem alltäglichen Einsatz Beispiel geben und Mut machen.

Literatur und Quellen

Literaturverzeichnis

Abyzov, Vadym/Markovskyi, Andrii: Features of architecture of ukraine in 1920–30's on examples of Kyiv and Kharkiv, in: *Środowisko Mieszkaniowe = Housing Environment* 14/2015, 94–105, online: https://www.ejournals.eu/pliki/art/7415/, zuletzt 22.11.2022.

Bake, Rita: Johanne Reitze, in: Datenbank Hamburger Frauenbiografien, hrsg. von der Landeszentrale für politische Bildung Hamburg (o.J.)., online: https://www.hamburg.de/clp/frauenbiografien-suche/clp1/hamburgde/onepage.php?BIOID=3104&qN=Reitze, zuletzt 11.2.2023.

Benjamin, Walter: Über den Begriff der Geschichte, in: Schöttker, Detlev; Wizisla, Erdmut (Hrsg.): Arendt und Benjamin, Frankfurt am Main 2006, 99–121.

Däubler, Wolfgang/Kittner, Michael: Geschichte der Betriebsverfassung, Frankfurt am Main 2020.

Fattmann, Rainer: Pionierinnen der Mitbestimmung. Annäherung an eine bisher vernachlässigte Forschungsthematik. HSI-Working paper, Nr. 15, Frankfurt am Main 2021.

Forschungsprojekt GeSoLei: Demokratische Gesellschaft ausgestellt? Die GeSoLei als Mikrokosmos der Weimarer Republik. Hg. vom Institut für Geschichte, Theorie und Ethik der Medizin, online: https://www.uniklinik-duesseldorf.de/patienten-besucher/klinikeninstitutezentren/institut-fuer-geschichte-theorie-und-ethik-der-medizin/forschung/forschungsprojekte/netzwerke-und-reputationssysteme-in-der-geschichte-der-lebenswissenschaften/gesolei, zuletzt 18.11.2022.

Friedrich, Karl-Heinz: Institutionengeschichte des VRWR, in: Informationen zur Provenienz des Bestandes Vorläufiger Reichswirtschaftsrat im Bundesarchiv (invenio), 2019, online: https://invenio.bundesarchiv.de/invenio/direktlink/81af9cf8-5e3c-42e1-9ad5-4686259b85d4/, zuletzt 13.6.2022.

Fuhrmann, Uwe: Flanieren durch Bücher. Impressionen aus dem historischen Archiv der Gewerkschaft ver. di, in: WerkstattGeschichte, hrsg. vom Verein für Kritische Geschichtsschreibung e.V., 76/2018, 31–41, online: https://werkstattgeschichte.de/wp-content/uploads/2018/04/WG76_031-041_FUHRMANN_FLANIEREN.pdf, zuletzt 6.2.2023.

Fuhrmann, Uwe: „Frau Berlin" – Paula Thiede (1870–1919). Vom Arbeiterkind zur Gewerkschaftsvorsitzenden, Konstanz 2019.

Fuhrmann, Uwe: Feminismus in der frühen Gewerkschaftsbewegung (1890–1914). Die Strategien der Buchdruckerei-HilfsarbeiterInnen um Paula Thiede, Bielefeld 2021, online: https://www.transcript-verlag.de/media/pdf/2c/b7/a7/oa9783839459225.pdf, zuletzt 6.2.2023.

Fuhrmann, Uwe: Vom Kampfmittel zur Parität. Die Arbeitsvermittlung und die Gewerkschaften, in: Berger/Jäger/Kruke (Hrsg.), Gewerkschaften in revolutionären Zeiten, Essen 2020.

Gabel, Angela: Die Arbeiterinnen und ihre gewerkschaftliche Organisation im deutschen Buchdruckgewerbe 1890–1914, Mag.-Arbeit, Darmstadt 1988.

Genossenschaft deutscher Bühnen-Angehöriger (GDBA): Eintrag „Bühnenschiedsgerichte", online: https://www.buehnengenossenschaft.de/organisation/buehnenschiedsgerichte/, zuletzt 22.11.2022.

GESIS – Leibniz-Institut für Sozialwissenschaften e.V. (Hrsg.): Sozialdemokratische Parlamentarier in den deutschen Reichs- und Landtagen 1867–1933 (BIOSOP), (o. J.), Eintrag »Johanna [sic] Reitze«, online: http://zhsf.gesis.org/biosop_db/biosop_db.php, zuletzt 18.11.2020.

Goers, Marion: Susanne Pflugbeil (1902–1975), in: Siegfried Mielke (Hrsg.): Gewerkschafterinnen im NS-Staat. Biografisches Handbuch, Band 2. Unter Mitarbeit von Marion Goers, Berlin 2022, 348–352.

Hauptmann, Manuela: Der Bubikopf. Aspekte der „neuen Frau" in österreichischen Frauenzeitschriften der 1920er Jahre. Univ-Mag, Wien 2008.

Hoffmann, Jana: Hanna, Gertrud (1876–1944). „Anwältin der erwerbstätigen Frauen", in: Siegfried Mielke (Hrsg.): Gewerkschafterinnen im NS-Staat. Verfolgung, Widerstand, Emigration, Essen 2008, 164–176.

Juchacz, Marie: Sie lebten für eine bessere Welt. Lebensbilder führender Frauen des 19. und 20. Jahrhunderts, Hannover 1971.

Kahn-Freund, Otto: Autobiografische Erinnerungen an die Weimarer Republik. Ein Gespräch mit Wolfgang Luthardt, in Kritische Justiz 1981 (2), 183–200, online: https://www.kj.nomos.de/fileadmin/kj/doc/1981/19812Kahn-Freund_S_183.pdf, zuletzt 20.6.2022.

Kassel, Brigitte: Frauen in einer Männerwelt. Frauenerwerbsarbeit in der Metallindustrie und ihre Interessenvertretung durch den Deutschen Metallarbeiter-Verband (1891–1933). Univ.-Diss., Köln 1997.

Kassel, Brigitte: Toni Sender. (1888–1964), in: Siegfried Mielke (Hrsg.): Gewerkschafterinnen im NS-Staat. Biografisches Handbuch, Band 2. Unter Mitarbeit von Marion Goers, Berlin 2022, 460–483.

Kittner, Michael: Betriebsrätegesetz 1920. Vorgeschichte und Zustandekommen, in: Arbeit und Recht 68 (3/2020), G5-G8, online https://www.hugo-sinzheimer-institut.de/data/2-2020.pdf, zuletzt 22.6.2022.

Kühne, Tobias: „Willst Du arm und unfrei bleiben?". Louise Zietz (1865–1922), hrsg. v. SPD-Parteivorstand, Berlin 2015.

Lange, Klaus: Ökonomie des subventionierten Öffentlichen Theaters in Deutschland. Bestandsaufnahme und Entwicklungstendenzen. Univ.-Diss., Bielefeld 2006. Online https://d-nb.info/983619131/34, zuletzt 6.2.2023.

Leuker, Tobias: „Zwerge auf den Schultern von Riesen" – Zur Entstehung des berühmten Vergleichs, in: Mittellateinisches Jahrbuch 32 (1997), 71–76.

Lila, Joachim: Das Ende des Vorläufigen Reichswirtschaftsrats 1932–1934 und der Generalrat der Wirtschaft 1933, 2.6.2008, online: https://www.zukunft-braucht-erinnerung.de/das-ende-des-vorlaeufigen-reichswirtschaftsrats-1932-1934-und-der-generalrat-der-wirtschaft-1933/, zuletzt 13.6.2022.

Losseff-Tillmanns, Gisela: Frauenemanzipation und Gewerkschaften, Wuppertal 1978.

Marx, Karl/Engels, Friedrich: Das Kapital Band I (= MEW Bd. 23), Berlin 1968 [1890].

Ohne Autor*in: Erinnerung an zwei mutige Frauen. Stolpersteine in Berlin-Spandau für die Schwestern Gertrud und Antonie Hanna verlegt, 14.10.2021, online: https://www.volksbund.de/nachrichten/erinnerung-an-zwei-mutige-frauen, zuletzt 5.4.2023.

Pietsch, Julia: Grete Ilm (1880–1957). Genossenschaft deutscher Bühnen-Angehöriger, in: Siegfried Mielke (Hrsg.): Gewerkschafterinnen im NS-Staat. Biografisches Handbuch, Band 2. Unter Mitarbeit von Marion Goers, Berlin 2022, 240–252.

Pietsch, Julia: Emma Benkert, in: Siegfried Mielke (Hrsg.): Gewerkschafterinnen im NS-Staat. Biografisches Handbuch, Band 2. Unter Mitarbeit von Marion Goers, Berlin 2022, 51–64.

Quataert, Jean Helen: Reluctant feminists in German social democracy 1885–1917, Princeton 1979.

Rose, Gabriele: Die Unbeugsame: Luise Zietz, online: https://www.fes.de/archiv-der-sozialen-demokratie/artikelseite-adsd/die-unbeugsame-luise-zietz, zuletzt 27.1.2022.

Sandvoß, Hans-Rainer: Widerstand in Mitte und Tiergarten. Hrsg. v. Gedenkstätte Deutscher Widerstand, Berlin 2011.

Scheidle, Ilona: Der Gedenkort Hilde Radusch. Eine queer-feministische Intervention in andronormative Gedenkpolitiken, in: Frank Ahland (Hrsg.): Zwischen Verfolgung und Selbstbehauptung. Schwul-lesbische Lebenswelten an Ruhr und Emscher im 20. Jahrhundert, Berlin 2017, 125–144.

Scheidle, Ilona: Hilde Radusch, in: Bundesstiftung Magnus Hirschfeld (Hrsg.): LSBTIQ*-Biografien (o. J.), online: https://mh-stiftung.de/biografien/hilde-radusch/, zuletzt 10.1.2023.

Scheiwe, Kirsten/Artner, Lucia: International Networking in the Interwar Years. Gertrud Hanna, Alice Salomon and Erna Magnus, in: Boris, Eileen/Hoehtker, Dorothea/Zimmermann, Susan (Hrsg.): Women's ILO. Transnational networks, global labour standards and gender equity, 1919 to present, Leiden, Boston 2018, 75–96.

Schneider, Silke: Hilde Radusch (1903–1994), in: Siegfried Mielke (Hrsg.): Gewerkschafterinnen im NS-Staat. Biografisches Handbuch, Band 2. Unter Mitarbeit von Marion Goers, Berlin 2022, 381–394.

Sender, Tony/Brinker-Gabler, Gisela/Stein, Brigitte (Hrsg.): Autobiographie einer deutschen Rebellin, Frankfurt am Main 1981.

Steen, Jürgen/Weiden, Gabriele: Tony Sender 1888–1964. Rebellin, Demokratin, Weltbürgerin, Frankfurt am Main 1992.

Tarnow, Fritz: Der Reichswirtschaftsrat in der Weimarer Republik, in: Gewerkschaftliche Monatshefte 1951, 562–568, online als Digitalisat: http://library.fes.de/gmh/main/pdf-files/gmh/1951/1951-10-a-562.pdf, zuletzt 13.6.2022.

Tesch, Johanna Friederike/Tesch, Richard: Der Deiwel soll die ganze Politik holen. Ein Briefwechsel aus Deutschlands erster parlamentarischer Demokratie 1919–1925. Hrsg. v. Sonja Tesch, Frankfurt am Main 2021.

Teuteberg, Hans Jürgen: Ursprünge und Entwicklung der Mitbestimmung in Deutschland, in: Zeitschrift für Unternehmensgeschichte, 19. Beiheft, 1981, 7-73, online: https://repositorium.uni-muenster.de/document/miami/290b7799-ac0e-4c99-8561-b1fa9ff314ba/1981_teute_mitbe.pdf, zuletzt 20.11.2022.

Tröger, Annemarie: Kampf um feministische Geschichten, hrsg. v. Regine Othmer, Dagmar Reese und Carola Sachse, Göttingen 2021.

UGO. Unabhängige Gewerkschaftsorganisation Gross-Berlin (Hrsg): Zweiter Geschäftsbericht vom 1. März 1949 bis 30. Juni 1950, Berlin 1950.

Urbach, Anna: Wie politisch darf „Irrenpflege" sein? Die Geschichte gewerkschaftlicher Organisierung von psychiatrischen Pflegekräften im Deutschen Reich am Beispiel der preußischen Landesanstalt Uchtspringe 1900–1933. European Journal for Nursing History and Ethics (ENHE) 2020, online: https://www.enhe.eu/archive/2020/5066, zuletzt 27.6.2022.

Verein Aktives Museum (Hrsg.): Vor die Tür gesetzt. Im Nationalsozialismus verfolgte Berliner Stadtverordnete und Magistratsmitglieder 1933–1945, Berlin 2006.

Weipert, Axel: Vor den Toren der Macht. Die Demonstration am 13. Januar 1920 vor dem Reichstag, in: JahrBuch für Forschungen zur Geschichte der Arbeiterbewegung (II/2012), 16–32.

Wickert, Christl: „Sender, Toni", in: Neue Deutsche Biographie 24 (2010), 248–249, online: https://www.deutsche-biographie.de/pnd118613189.html#ndbcontent, zuletzt 20.11.2022.

Witkowski, Mareike: Ein Relikt des 19. Jahrhunderts? Hausgehilfinnen von 1918 bis in die 1960er Jahre, in: *Archiv für Sozialgeschichte* (54/2014), 147–168, online: https://www.fes.de/index.php?eID=dumpFile&t=f&f=46660&token=ab71282c28cafa08351dc83434fae4448eab02f0, zuletzt 6.2.2023.

Wroblewski, Andrej: Das Gesetz über den vaterländischen Hilfsdienst vom 5.12.1916, in: *Arbeit und Recht* 66 (11/2018), G21–G23.

Zimmermann, Rüdiger: Kähler, Luise, geb. Girnth (1869–1955). Oftmals die einzige Frau unter vielen Männern, in: Mielke, Siegfried (Hrsg.): Gewerkschafterinnen im NS-Staat. Verfolgung, Widerstand, Emigration, Essen 2008, 199–202.

Verzeichnis historischer Zeitschriftenaufsätze, Protokolle, Artikel und anderer Publikationen vor 1933

Allgemeiner Deutscher Gewerkschaftsbund: Protokoll der Verhandlungen des 10. Kongresses der Gewerkschaften Deutschlands, abgehalten zu Nürnberg vom 30. Juni bis 5. Juli 1919, Berlin 1919.

Buchhandlung Vorwärts (Hrsg.): Frauenstimmen aus der Nationalversammlung. Beiträge der sozialdemokratischen Volksvertreterinnen zu den Zeitfragen, Berlin 1920.

Die Mitgliedschaften im Gau I Rheinland-Westfalen: Zum neunten Verbandstage in Köln und zum dreissigjährigen Bestehen des Verbandes der Graphischen Hilfsarbeiter und -Arbeiterinnen Deutschlands. 24.–30. Juni 1928, Köln 1928.

Evert, Georg: Der Arbeitsnachweis. Nach einem Vortrage, in: Jahrbuch für Gesetzgebung, Verwaltung und Volkswirtschaft im Deutschen Reich, Leipzig 1888, 1103–1128.

Friedrich-Schulz, Marie: Werden und Wirken der Reichssektion Gesundheitswesen im Verband der Gemeinde- und Staatsarbeiter (Verband der Gemeinde- und Staatsarbeiter: Schriften zur Aufklärung und Weiterbildung, Nr. 40), Berlin 1929.

Hanna, Gertrud: „Women in the German Trade Union Movement.", in: International labour review. Volume 8, No 1 (July 1923) Geneva : International Labour Office, S. 21–37, online: http://www.ilo.org/public/libdoc/ilo/P/09602/09602(1923-8-1)21-37.pdf *http://www.ilo.org/public/libdoc/ilo/P/09602/09602(1923-8-1)21-37.pdf*, zuletzt 6.2.2023.

Hanna, Gertrud: The German exhibition of home industries and its lessons, in: International labour review, V. 12 1925, [523]–529.

Heydemann, Emilie: Zum 10jährigen Bestehen der Organisation der Hilfsarbeiterinnen Berlins, in: Solidarität, 1. April 1900, 1.

Mattutat, Hermann: Der Kampf um den Arbeitsnachweis, in: Sozialistische Monatshefte, H. 23 (1917), 926–931.

Ohne Autor*in: „Heldinnen", in: Vorwärts 13.01.1911, Nr. 11, 7.

Ohne Autor*in: „Der Arbeitsnachweis in den Händen der Prinzipale", in: Solidarität – Organ für die Interessen aller im graphischen Berufe beschäftigten Arbeiter und Arbeiterinnen, 18. Sept 1898 (Nr. 19), 1.

Ohne Autor*in: „Die paritätischen Arbeitsnachweise, ihr Zweck und Nutzen für die Organisation", in: Solidarität, 2. April 1899 (Nr. 7), 2f.

Ohne Autor*in: „Bureaukratenzöpfe und Betriebsrätegesetz", in: Die Sanitätswarte. Zeitschrift für das Personal in Kranken-, Pflege- und Irrenanstalten, Kliniken, Sanatorien, Bade- und Massageinstituten, Seebädern, XX. Jahrgang, Nr. 28, 9. Juli 1920.

Post und Staat: Reichsorgan der RGO, Berlin, Ausgaben 16/1931–1/1933.

Radusch, Hilde: „Das Zentralpostamt in Charkow", in: Post und Staat. Reichsorgan der RGO, Jahrgang 2, Nr. 11, Berlin Dezember 1932, 5.

Reitze, Johanne: Die Frau und die Betriebsräte, in: Buchhandlung Vorwärts (Hrsg.): Frauenstimmen aus der Nationalversammlung. Beiträge der sozialdemokratischen Volksvertreterinnen zu den Zeitfragen. Berlin 1920, 37–40.

Reitze, Johanne: Das Recht der Frau. Die Sozialdemokratie im Kampfe um die wirtschaftliche und soziale Stellung der Frau. Referat auf dem Parteitag der Sozialdemokratischen Partei Deutschlands in Augsburg 1922, Berlin 1922.

Sanitätswarte Nr. 51/52 (23. Dezember 1921).

Sender, Tony: Die Frauen und das Rätesystem. Rede auf der Leipziger Frauenkonferenz am 29. November 1919, Berlin 1920.

Sender, Tony: Eine wichtige Entscheidung des Reichsarbeitsgerichts. Gegen die Unternehmersabotage der Betriebsräte im Aufsichtsrat, in: Betriebsräte-Zeitschrift für Funktionäre der Metallindustrie, 5. Jg., Ausgabe 6, 10. Mai 1924, 105–109, online: http://library.fes.de/metallzs/betriebsraete-zeitschrift/1924/pdf/1924-06.pdf, zuletzt 6.2.2023.

Thiede, Paula: Erwerbsarbeit, Entlohnung und Organisation der Frauen, in: Sozialistische Monatshefte 23, H. 47 (1917), 356–366.

Thiede, Paula: 25 Jahre Organisation!, in: *Vorwärts*, 13.4.1915 (Nr 101), 6.

Thiede, Paula: Unsere Jubilare Berlin – Hamburg, in: Solidarität, 10. April 1915, 2–4.

Verband der Buch- und Steindruckerei-Hilfsarbeiter und -Arbeiterinnen Deutschlands: Protokoll über die Sitzung der Kommission zur Schaffung allgemeiner Bestimmungen für die Obliegenheiten, Arbeitszeit und Entlohnung des Hilfspersonals abgehalten am 16. Dezember 1906 im Deutschen Buchgewerbehause zu Leipzig, Berlin 1907.

Verband der Buch- und Steindruckerei-Hilfsarbeiter und -Arbeiterinnen: Sitzung der Tarifverhandlungen des Verbandes der Buch- und Steindruckerei-Hilfsarbeiter und -Arbeiterinnen für die Ortsverwaltungen Berlin I und II. Abgehalten in Berlin 5.–11. April 1907.

Verband der Buch- und Steindruckerei-Hilfsarbeiter und -Arbeiterinnen Deutschlands: Vorstands- und Rechenschafts-Bericht der letzten Verbands-Periode 1905–1908 [und] Protokoll vom 4. Verbandstag, 1908.

Verband der Buch- und Steindruckerei-Hilfsarbeiter und -Arbeiterinnen Deutschlands: Protokoll vom 5. Verbandstag in Bremen 12.–16. Sept. 1910. Berichte über die Verbandsperiode 1908/10, Berlin 1910.

Verband der Gemeinde- und Staatsarbeiter, Verbandsvorstand: 30 Jahre Aufgaben und Leistungen 1896/1926. Dargestellt auf der Grossen Ausstellung, Düsseldorf 1926, für Gesundheitspflege, soziale Fürsorge und Leibesübungen „Gesolei", Berlin 1926.

Verband der Gemeinde- und Staatsarbeiter: Reichskonferenz der Betriebsräte. Am 28. und 29. November 1927 in der Stadthalle in Mainz, Berlin 1927.

Verband der Gemeinde- und Staatsarbeiter: Bildschau über das Wirken des Verbandes. Veranstaltet anläßlich des 11. Verbandstages in Köln, August 1928, Berlin 1928.

Verband der Graphischen Hilfsarbeiter und -Arbeiterinnen Deutschlands: Rechenschaftsbericht über 1922, Berlin 1923.

Verband der Graphischen Hilfsarbeiter und -Arbeiterinnen Deutschlands: Geschichtlicher Rückblick über die Gründung und Entwicklung der Hamburger Zahlstelle, o. O. 1925.

Verband der Hausangestellten: Protokoll des ersten Verbandstages des Zentralverbandes der Hausangestellten Deutschlands. Abgehalten in Berlin vom 14. bis 16. April 1912, Berlin 1912.

Zadek, Ignaz: Arbeiterinnenschutz. In: Sozialistische Monatshefte 5, H. 3 1901, 163–179.

Zentralorgan der Hausangestellten Deutschlands: 12. Jg. Nr. 12, Dezember 1920.

Zentralverband der Hausangestellten Deutschlands: Tätigkeits- und Kassenbericht der Hauptverwaltung. Für die Zeit vom 1. Januar 1912 bis 31. Dezember 1918, Berlin 1919.

Zentralverband der Hausangestellten Deutschlands: Protokoll des zweiten Verbandstages. Im Gewerkschaftshaus zu Berlin, Engelufer 15 vom 21. bis 25. September 1919, Berlin 1919.

Rechtsquellen und Reichstagsprotokolle

Arbeitsgerichtsgesetz vom 23. Dezember 1926, RGBl. 28. Dezember 1926, § 6, https://alex.onb.ac.at/cgi-content/alex?aid=dra&datum=1926&page=542&size=45, zuletzt 6.2.2023.

Betriebsrätegesetz 4. Februar 1920, § 66, § 68, https://www.1000dokumente.de/pdf/dok_0133_brg_de.pdf, zuletzt 22.6.2022.

Gewerbegerichtsgesetze von 1890 und 1901 abgedruckt in: *Rudloff, Wilfried* (Bearb.) (2011): Arbeiterrecht (= Quellensammlung zur Geschichte der deutschen Sozialpolitik 1867 bis 1914, III. Abteilung (1890–1904); hrsg. von Henning, Hansjoachim; Tennstedt, Florian. 4. Band), Darmstadt, 60ff. sowie 422ff.

Reichstags-Handbuch, I. Wahlperiode 1920, Berlin 1920, https://daten.digitale-sammlungen.de/bsb00000001/image_312, zuletzt 6.2.2023.

Reichstags-Handbuch, Bd. VI: Wahlperiode 1932, Berlin 1932, https://daten.digitale-sammlungen.de/bsb00000006/image_179, zuletzt 6.10.2020.

Reichstagsprotokolle/ Protokolle der Nationalversammlung, 136. Sitzung, Mittwoch, 14. Januar 1920, http://www.reichstagsprotokolle.de/Blatt2_wv_bsb00000015_00669.html, zuletzt 6.2.2023.

Reichstagsprotokolle/ Protokolle der Nationalversammlung, 137. Sitzung, Donnerstag, 15. Januar 1920, http://www.reichstagsprotokolle.de/Blatt2_wv_bsb00000015_00714.html, zuletzt 6.2.2023.

Reichstagsprotokolle, 347. Sitzung, Sonnabend, den 5. Mai 1923 (=1920/24,16), https://www.reichstags-protokolle.de/Blatt2_w1_bsb00000043_00594.html, zuletzt 6.2.2023.

Reichstagsprotokolle, 23. Sitzung, Freitag, 13. Februar 1925, https://www.reichstagsprotokolle.de/Blatt2_w3_bsb00000068_00598.html, zuletzt 6.2.2023.

Reichstagsprotokolle, 13. Sitzung Donnerstag, den 11. September 1930, https://www.reichstagsprotokolle.de/Blatt2_w5_bsb00000128_00550.html, zuletzt 6.2.2023.

Reichswahlgesetz vom 30. November 1918, http://www.documentarchiv.de/wr/1918/reichswahlgesetz.html, zuletzt 6.2.2023.

WRV Weimarer Reichsverfassung, § 165, http://www.documentarchiv.de/wr/wrv.html#F%C3%9CNFTER_ABSCHNITT02, zuletzt 6.2.2023.

Archivquellen

BUNDESARCHIV BERLIN

BA SgY 30/0444 (Lebenserinnerungen Luise Kähler).

BA SgY 30/1169 (Lebenserinnerungen Elli Pfennig).

BA R 4701/10732 und R 4701/10734 (Akten Reichspost: BR und ZBR).

BA R 401 (Vorläufiger Reichswirtschaftsrat).

FFBIZ

NL Radusch, Rep. 500, Acc. 300 (diverse Signaturen).

NL Tröger, Rep. 500 Acc. 800, 123.

LANDESARCHIV BERLIN

LAB, C Rep. 118-01-6693 („OdF-Akte" Hilde Radusch).

LAB, P Rep. 806 Nr. 674 (Gertrud Hanna).

STAATSARCHIV HAMBURG

Staatsarchiv Hamburg, Best. 332-5 Nr. 1916, Urkunde Nr. 306 (Geburtsurkunde von Johanne Reitze, via ancestry.de).

Best. 332-5 Nr. 2940, Urkunden Nr. 909 (Heiratsurkunde Johanne Reitze, via ancestry.de).

UNIVERSITÄTSARCHIV HUMBOLDT-UNIVERSITÄT ZU BERLIN (Pädiatriearchiv)

Vorl. Sign. KKFK 1, „Schwestern A–Z bis 1953".

Akten KAVH 1510 und KAVH 1511.

VER.DI-ARCHIV BERLIN

Kiste „Hausangestellte".

Abbildungsnachweise

Abbildung 1: Tony Sender o.J., CCBY ND 2.0. Zugänglich auf den Seiten des Archivs der sozialen Demokratie der Friedrich-Ebert-Stiftung (AdsD): https://www.fes.de/bibliothek/vorwaerts-blog/beitrag-lesen/leidenschaftlich-kaempferisch-unermuedlich-toni-sender, zuletzt 26.5.2023.

Abbildung 2: Verband der Gemeinde- und Staatsarbeiter (1928): Bildschau über das Wirken des Verbandes. Veranstaltet anläßlich des 11. Verbandstages in Köln, August 1928. Berlin, Tafel 24. Zitate aus der originalen Bildbeschreibung, ebd.

Abbildung 3: DGB-Archiv im Archiv der sozialen Demokratie der Friedrich-Ebert-Stiftung (AdsD), Nachlaß Plettl, Sign. 6/FOTB015311.

Abbildung 4: Gertrud Hanna im Dezember 1906. Bildausschnitt von Abbildung 5.

Abbildung 5: Kongress der Buchdruckerei-Hilfsarbeiter und -Arbeiterinnen Deutschlands, Leipzig 16. U. 17. Dez. 1906. NL Lohse, ver.di-Archiv.

Abbildung 6: Die Mitgliedschaften im Gau I Rheinland-Westfalen: Zum neunten Verbandstage in Köln, 1928, 4.

Abbildung 7: Archiv der sozialen Demokratie der Friedrich-Ebert-Stiftung (AdsD), Sign. 6/FOTA067268.

Abbildung 8: Ver.di-Archiv, Kiste „Hausangestellte". Abgedruckt auch in: Zentralorgan der Hausangestellten Deutschlands, 12. Jg. Nr. 12/ Dezember 1920; ein Digitalisat findet sich hier: http://library.fes.de/gewerkzs/hausangestellten/1920/pdf/1920-012.pdf, zuletzt 13.6.2022.

Abbildung 9: Historisches Museum Frankfurt, Inv.-Nr. Ph22590 (Open Source).

Abbildung 10: Ver.di-Archiv Berlin, Kiste „Hausangestellte".

Abbildung 11: Bureau des Reichstags (Hg.): Reichstagshandbuch. I. Wahlperiode 1920, Berlin 1920, Seite 413, online: https://daten.digitale-sammlungen.de/^db/bsb00000001/images/index.html?nativeno=413, zuletzt 26.5.2023.

Abbildung 12: Archiv der sozialen Demokratie der Friedrich-Ebert-Stiftung (AdsD), 6/FOTB001643/ (nach Tesch, Deiwel, 87 und 273).

Abbildung 13: Artikel mit Foto erschienen in: Volk und Zeit, Heft 18 (1928), abgedruckt in: Steen/Weiden (Hrsg.), Tony Sender, 80.

Abbildung 14: Verband der Gemeinde- und Staatsarbeiter (1928): Bildschau über das Wirken des Verbandes. Veranstaltet anläßlich des 11. Verbandstages in Köln, August 1928. Berlin. Tafel 29 (Ausschnitt).

Abbildung 15: Entnommen aus Steen/Weiden (Hrsg.), Tony Sender, 175.

Abbildung 16: Verband der Gemeinde- und Staatsarbeiter (1928): Bildschau über das Wirken des Verbandes. Veranstaltet anläßlich des 11. Verbandstages in Köln, August 1928. Berlin, Tafel 15.

Abbildung 17: Bundesarchiv, Bestand Betriebsräte 1919–1933 Band 4, Sign. R43-I/2067, fol. 75.

Abbildung 18: Verband der Gemeinde- und Staatsarbeiter (1928): Bildschau über das Wirken des Verbandes. Veranstaltet anläßlich des 11. Verbandstages in Köln, August 1928. Berlin, Tafel 18.

Abbildung 19: Verband der Gemeinde- und Staatsarbeiter (1928): Bildschau über das Wirken des Verbandes. Veranstaltet anläßlich des 11. Verbandstages in Köln, August 1928. Berlin, Tafel 31.

Abbildung 20: Ausstellungspavillon des ADGB auf der Gesolei. Entnommen aus: VGS Sektion Gesundheitswesen 5. Reichskonferenz Düsseldorf 1926, 24.

Abbildung 21: Verband der Gemeinde- und Staatsarbeiter/Verbandsvorstand, 30 Jahre Aufgaben und Leistungen 1896/1926.

Abbildung 22: Fotograf/Urheber: Rudolf Krziwanek – Theatermuseum (Wien), Austria – CC BY-NC-SA. Bereitgestellt von: https://www.europeana.eu/de/item/15503/FS_PK169374alt, zuletzt 22.6.2023.

Abbildung 23: Mobiles Archiv L, Sammlung Radusch, F_41. Kontakt zum Archiv durch Ilona Scheidle, Mannheim: https://ilonascheidle.de.

Abbildung 24: Entnommen aus: Sandvoß, Widerstand in Mitte, 329.

Abbildung 25: „Fernsprechvermittlungsstelle" des Fernsprechamt Mitte in der Wilhelmstraße 66 (Berlin-Mitte). Aufnahme von 1921. Landesarchiv Berlin. F Rep. 290 (02);0331007.ls.

Abbildung 26: Berlin, Außenansicht des Generalpostamts der Kaiserlich Deutschen Reichspost mit dem Erweiterungsbau des Reichspostmuseums, Quelle: Museumsstiftung Post und Telekommunikation, Inventarnummer: 3.2019.1813.

Abbildung 27: „Post und Staat", Ausgabe Dez. 1932, 6.

Abbildung 28: Entnommen aus: Abyzov/Markovskyi, Środowisko Mieszkaniowe 2015, 94, 99.

Abbildung 29: FFBIZ Berlin, NL Radusch, B Rep. 500 Acc. 300 Nr. 2.

Abbildung 30: Internetquelle: www.gedenktafeln-in-berlin.de/gedenktafeln/detail/hilde-radusch/2834#data-2834-3, © OTFW, CC BY-SA 3.0.

In der Schriftenreihe des Hugo Sinzheimer Instituts
für Arbeits- und Sozialrecht sind zuletzt erschienen:

Band 50   Wolfram Cremer/Olaf Deinert
Fremdpersonalverbot in der Fleischwirtschaft auf dem Prüfstand des Verfassungsrechts
ISBN 978-3-7663-7367-0

Band 49   Wolfgang Däubler
Klimaschutz und Arbeitsrecht
ISBN 978-3-7663-7366-3

Band 48   Reingard Zimmer
Das Lieferkettensorgfaltspflichtengesetz
ISBN 978-3-7663-7312-0

Band 47   Peter Stein
Das kirchliche Selbstbestimmungsrecht im Arbeitsrecht und seine Grenzen
ISBN 978-3-7663-7295-6

Band 46   Bernd Waas
Künstliche Intelligenz und Arbeitsrecht
ISBN 978-3-7663-7294-9

Band 45   Victoria Koch-Rust/Gabriele Rosentreter
Rechtsstellung Dual Studierender
ISBN 978-3-7663-7287-1

Band 44   Michael Kittner/Ernesto Klengel
Die Entstehung des Kündigungsschutzgesetzes
ISBN 978-3-7663-7284-0

Band 43   Thomas Klein/Daniel Klocke/Monika Schlachter
Standort- und Beschäftigungssicherung in Tarifverträgen und Betriebsvereinbarungen
ISBN 978-3-7663-7279-68

Band 42   Achim Seifert
Kollektivverträge für wirtschaftlich abhängige Selbständige und unionsrechtliches Kartellverbot
ISBN 978-3-7663-7220-8

Band 41   Wolfgang Däubler
Interessenvertretung durch Betriebsrat und Gewerkschaften im digitalen Betrieb
ISBN 978-3-7663-7188-1

Weitere Informationen zur Schriftenreihe:
www.hugo-sinzheimer-institut.de